学林留声录

——姜亮夫画传

徐汉树 著

浙江大学档案馆组编

浙江大学出版社
ZHEJIANG UNIVERSITY PRESS

全国百佳出版社

图书在版编目（CIP）数据

　　学林留声录 ：姜亮夫画传 / 徐汉树著 . 一杭州：
浙江大学出版社， 2012.4
　　ISBN 978-7-308-09717-8

　　Ⅰ．①学… Ⅱ．①徐… Ⅲ．①姜亮夫（1902 ～ 1995）
- 传记 - 画册　Ⅳ．① K825.6-64
　　中国版本图书馆 CIP 数据核字（2012）第 035933 号

學林留聲録
——姜亮夫画传

徐汉树　著

责任编辑	胡　畔
装帧设计	项梦怡
出版发行	浙江大学出版社
	（杭州市天目山路 148 号　邮政编码 310007）
	（网址：http：//www.zjupress.com）
印　　刷	浙江印刷集团有限公司
开　　本	710mm×1000mm　1/16
印　　张	14.75
字　　数	170 千
版 印 次	2012 年 4 月第 1 版　2012 年 4 月第 1 次印刷
书　　号	ISBN 978-7-308-09717-8
定　　价	56.00 元

姜亮夫先生（1902—1995）

姜亮夫简介

姜亮夫
(1902.5 — 1995.12)

姜亮夫 (1902.5 — 1995.12)，男，汉族，云南省昭通市人。原杭州大学中文系系主任，古籍研究所所长。著名楚辞学、敦煌学、语言学、历史文献学专家。

1921 年，姜亮夫考入成都高等师范学校国文部。1926 年，考入清华大学国学研究院，师从王国维、梁启超、陈寅恪、李济先生。1928 年，先执教于南通中学、无锡中学，后任大夏大学、持志大学教授及北新书局编辑，其间师从章太炎先生。1934 年任河南大学教授。1935 年赴法国巴黎进修，1937 年经莫斯科回国，先后任职东北大学教授、复旦大学教授、英士大学教授兼文理学院院长，云南大学教授兼文法学院院长，昆明师范学院教授，云南省教育厅厅长，云南省军政委员会文教处处长。1953 年起任浙江师范学院、杭州大学中文系教授、博士研究生导师、终身教授。他以毕生精力从事楚辞学、敦煌学、古汉语、古史古文献研究，著有《屈原赋校注》、《楚辞学论文集》、《楚辞通故》、《中国声韵学》、《历代人物年里碑传综表》、《莫高窟年表》、《敦煌学概论》、《瀛涯敦煌韵辑》、《敦煌学论文集》、《古史论文集》等 30 多部专著和百余篇论文，结集为《姜亮夫全集》24 卷 1250 万字传世。其中尤以楚辞和敦煌研究成就突出。他的《楚辞通故》一书，被海内外专家誉为"当今研究楚辞最详尽、最有影响的巨著"。他在敦煌学的研究中，不仅在国内，而且远渡重洋到许多国家，收集散失的敦煌卷子，撰写出 250 多万字的著作，为祖国保留了学术价值极高的文化遗产。曾获国家教委高校首届人文社科研究成果一等奖等多种奖励。

前　言

我的岳父姜亮夫，名寅清，清光绪二十八年（1902年）出生在云南昭通，1995年逝世于杭州，是一位名副其实的世纪学人。

岳父早年毕业于清华国学院，曾得到梁启超、王国维、陈寅恪、赵元任等诸位国学大师的悉心教导，打下了深厚的国学根基，后又拜章太炎先生为师。诸多名师的指引，使他对中华民族传统文化产生深厚的感情，并为此奋斗一生！

他一生从事楚辞学、敦煌学、语言学、历史学的研究，共有专著1250万字传世。

岳父研究楚辞，是源于恩师王国维先生投昆明湖之痛联想屈原投汨罗江之事，愤而著《屈原赋校注》以寄托对恩师的哀思，从此他倾毕生的精力，投入楚辞学研究，直至200万字的《楚辞通故》出版。

岳父研究敦煌学，是因为留学法国时，见到我国的许多国之重器、珍贵文物流散在异国他乡的博物馆，尤其是见到敦煌宝藏的文物，激起他的爱国之情。岳父毅然决定放弃攻读博士学位，全力投入抢救敦煌文献的研究工作，终其一生，不移其志！

20世纪30年代，岳父涉足我国古史研究，是因为当时日本学者对中华民族的起源说进行歪曲，为后来侵华战争做舆论宣传。为此，岳父进行一系列古史考证研究，撰《夏殷民族考》诸文，有力地驳斥了当时日本学者的不实之词。

综观岳父毕生所研究的专题的起因，都是与当时国家的兴衰、民族存亡密切相关！

在学术研究过程中，他念念不忘对青年一代学者的培养。年逾八十，他还接受教育部委托筹建古籍研究所。他谆谆教导学生"业精于勤","行己有耻，修辞立诚"。他大声疾呼"修辞立诚，天下文明"。他告诫自己钟爱的小外孙女"昂首高远以天下为己任，抚心求是以上人为勉励"。在他老人家患重病住院前夕，在家中笔记本上对古籍所的研究生写下"最后最高要求"的遗言："要求每个毕业生能普照整个专业与中国全部文化史——至少是学术史各方面（指学术分类）的能力及独立研究古籍能力，而且有永久坚强的毅力、自强不息的精神、艰苦卓绝的气概！"岳父对年青一代学子的期望、苦心跃然纸上，铭刻在我们心中。

岳父的治学精神、人格魅力、为人师表的高贵品格，使我在有生之年从不敢有半点懈怠。

岳父近百年的生涯中，他的恋爱、婚姻史也是一首动人的诗篇，更是一曲反抗封建包办婚姻的赞歌。这段恋情过去鲜为人知。

岳母陶秋英，毕业于燕京大学研究院中国文学系，与岳父真是珠联璧合的一对。可是由父母包办作主，岳母与他人早订有婚约。为此，岳母坚决抗婚，时间长达九年之久，迫使男方解除婚约，然后与岳父在上海举行文明婚礼，共赴四川三台。在长达50年的共同生活中，为中华民族传统文化的继承和发扬默默无声地贡献一生，实现当年相恋时的诺言——"我们要做一个高高巍巍、做有利于人类的事情的人"。但愿这段恋爱史对今天的青年有所启迪！

为了弘扬岳父的献身教育事业的精神，在浙江大学档案馆领导的鼓励、指导、支持下，在馆内同仁的共同努力下，将岳父幸存的档案、史料"组装"成画传。没有丝毫的虚构情节，没有抒情艺术加工，这是一部20世纪学人的最真实而完整的留声记录。它是一杯清泉，读者可细细品尝、思索、体会人生意义的真谛！

本书所用照片均为照片资料，而非都是存在实物与人物，希读者谅之。

徐汉树

2009 年 2 月于西溪

目　录

勤读经史

"20世纪这一页被轻轻翻过去后，我们再来回顾这百年的政治风云、历史变迁、思想、学术、文化的继承与延续……有许多的激励、苍凉、凝重、浑厚，也有浮躁、纷乱，有悲有喜，于是我们需要深沉地思索，认真地定格，定在这百年中一些有价值的人物身上，从他们的人生经历看历史的进程，从他们的成就看科学、文化的继承与发展，从他们的人格品质、精神道德风范，反思和探讨现代精神文明的是非曲直，一代宗师姜亮夫先生的一生可视作一种代表，让我们通过对他的介绍回忆过去，直面今天，思索未来！"①

姜亮夫先生，名寅清，号成均楼、北邨老人、江南矇叟，光绪二十八年（1902年）出生于云南昭通一个书香门第。

---

① 孟华：《姜亮夫——我国一代国学大师》，杨达寿等著《浙大的大师们》，中国经济出版社2007年版，第130页。

云南昭通姜先生的故居（左边小屋为姜先生诞生处）

姜亮夫先生的父亲姜思让、母亲何淑璧合影

　　姜先生的父辈兄弟四人，一榜中了三个举人，其中四叔留学日本。姜先生的父亲姜思让排行第三，曾就读于京师大学堂学法律，为此在北京也受到维新思想的影响。姜思让回到昭通后，领导了当地有名的"光复运动"。母亲何淑璧为人忠厚、朴实、勤劳，事事处处最能忍让，是中国传统女性的典型。姜亮夫的外公、舅公均是书画高人。

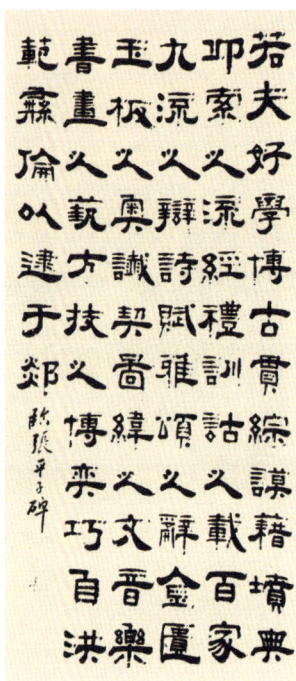

姜先生外公何月桥书法手迹

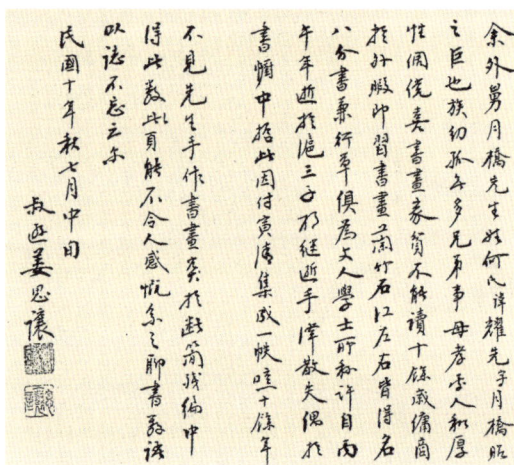

姜先生父亲姜思让书法手迹

姜先生外公何月桥的画

姜先生胞弟姜正夫，一直在昭通中学任教，曾任昭通市政协委员、昭通中学教务主任，为教学工作奉献一生，侍父母至孝。

姜亮夫的母亲（前排中）和胞弟姜正夫（前排左一）、弟媳焦映淑（前排右二）全家合照（1962年摄）

姜先生的长辈们是他继承传统文化的启蒙老师，这样的家庭是他成为一代大家的最早温床。

姜亮夫先生儿时是按考功名的路来读书的，背"四书"、诵"五经"是最基本的童子功。除此以外也读一些"新科学"的书，如《地球韵言》、《历代都邑歌》等史地书。

书法和绘画的基本功训练，是儿时在外公、舅父的严格指导下开始的，日复一日，年复一年，从不间断。仅习李龙眠的《九子母图》一练就达三年。

云南省立第二中学（现为昭通一中）校舍

可见先生青少年时代用功之勤奋、刻苦。

姜先生中学时代就读于云南省立第二中学，这时是中国 20 世纪历史变革最剧烈之时，洋人入侵、西方文化输入、维新思想、军阀混战、辛亥革命……这一切也涌进这偏远山城。姜先生在极具维新思想的父亲的影响下，在中学时代就有着强烈的爱国思想和正义感，积极参加当时的学生运动。

他中学时代的学习很刻苦，晚自习结束后还要到茅厕和路灯下看书。中学毕业时，姜先生以优异的成绩考上官费生，进入成都高等师范学校继续他的学业。

名师指引

　　1922 年 9 月，姜先生带着对封建旧式大家庭的叛逆，带着母亲陪嫁时的饰物换的钱和几双母亲为他做的布袜，也带着深厚的传统文化基础，出滇北，过宜宾，进了中国儒学极盛的蜀中学府——成都高等师范学校，拜龚向农、林山腴、廖季平等名儒为师，开始了新一轮学识的再积累。

　　当时成都高师校长是吴玉章，治学十分严谨。各位名师教学更是认真，林山腴先生以《汉书》为基础，对照《史记》、《国语》、《国策》进行教学，林先生提出读史先不读史评，读诗先不看诗话，读词先不看词话，而是先把原书读通。

林山腴先生

姜亮夫从欧洲回国时隔十年有余，再次拜访林山腴先生，先生赠联

龚向农先生

龚向农先生教《国学概论》和自编的《经学史》，教导学生读书应该将著书的时代背景弄清楚，即"读书要认清时代"。并以《资治通鉴》为例，这是司马光为当时施政服务，为君王说话，近是皇家的教科书。龚先生这些读书方法，对后人读书做学问，均有很大启迪。

校长吴玉章讲《经济学》，他说："你们将来一定要与经济政治碰头的，不学经济，不知中国将来前途怎样走。"这些话对学生启发很大。

廖季平先生博学多才，使姜亮夫十分敬佩。为了引证一个观点，廖先生可以大段大段地背诵原始资料，记忆力惊人！

在成都高师学习期间，姜亮夫读完了《诗经》、《尚书》、《荀子》、《史记》、《汉书》、《说文》、《广韵》诸典籍，为日后研究中国传统文化打下了坚实的基础。在《到成都报家书》长诗中向在昭通的父亲汇报学习情况时，内有"国学浩瀚胜大海""守身如玉德之花"。这充分体现了他对成都高师的情感。

《昭通方言考》初稿始于成都高师求学时。

1925年，姜亮夫以优异的成绩结束了蜀中的学习生活，来到北京。京都更是名师汇集之邦。1926年8月，他考进了北京师范大学，9月又考取了清华国学研究院。

姜亮夫在清华时拍摄的体育馆及操场

1995年整修后的清华体育馆

清华研究院 1926 年时的学生宿舍静斋外景

1995 年拍摄的静斋（姜亮夫求学时住 2 号房间）

在清华读书时的姜亮夫先生

　　清华园学术氛围浓郁，学习环境优雅，犹如一座高大神圣的学术殿堂。从此他师从王国维、梁启超、陈寅恪、赵元任诸大师。

　　梁启超先生主讲"古书的真伪和辨真伪的方法"，从多方面多角度对先秦古籍进行全面系统的总结，从校勘、考证、训诂以及学术系统分析来比较书的真伪及其年代，使他打开了读古书的眼界。另一方面，梁启超先生还经常运用当代日、美、英等国的某些见解，使学生的眼光不仅放在中国学人的观点上，也能放眼世界，使姜先生受益匪浅。

梁启超先生

　　王国维先生主讲《说文》，用的材料许多是甲骨、金文，用三体石经和隶书作比较，这样对汉字研究就细密了。王先生研究一个问题，先把相关材料收集齐全，然后进行综合研究、比较，经过若干次总结才成定论。这种做科研的方法使姜先生受用一生。

王国维先生

姜先生的毕业论文《诗骚联绵字考》就是在王国维先生指导下完成的。

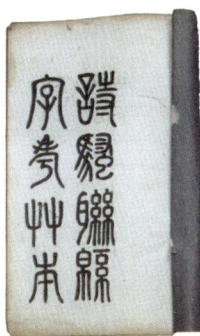

姜亮夫手书《诗骚联绵字考草本》封面

《诗骚联绵字考》1932 年抄录清本

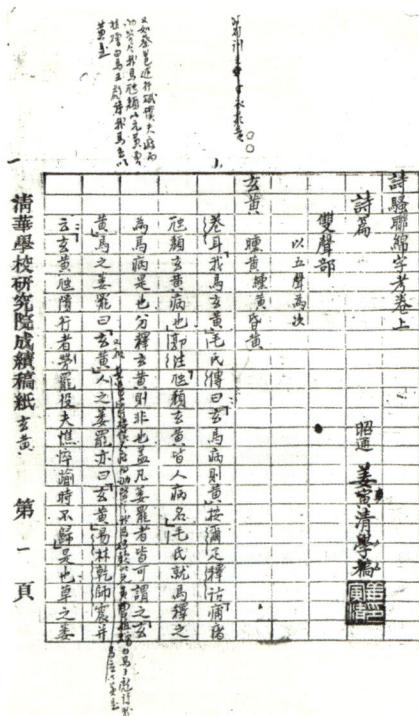

姜亮夫在清华研究院时的毕业论文《诗骚联绵字考》初稿

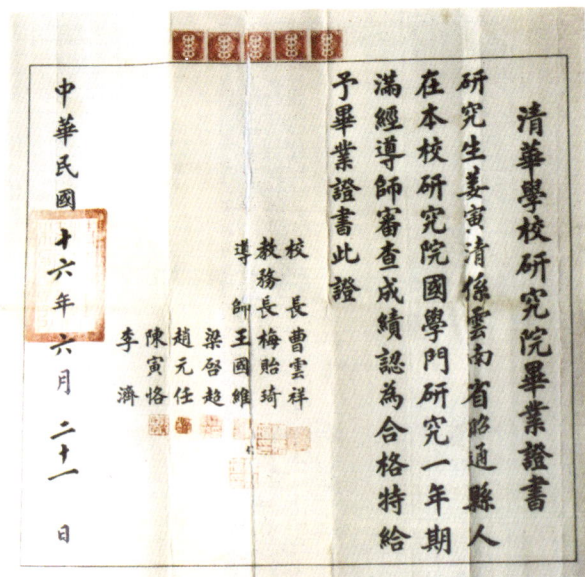

姜亮夫的"清华
学校研究院毕业证书"

陈寅恪先生广博、深邃的学问使姜亮夫先生震惊，寅恪先生上课引用英、法、日文，有时还引用印度文、巴利文。姜先生这时深感自己英、法文基础不够，外国文学知之太少。寅恪先生每周除讲课外，还抽两天进城学西夏文、蒙古文，这样一位大学者，这时还如此勤奋学习，使学生个个汗颜！

赵元任先生讲"声韵学"，和成都高师教法完全不同，成都高师教的是声韵考古学，而赵先生讲的是"描写语言学"，把印度、欧罗巴语系发音方法运用到汉语的声韵学中。姜先生认真听，并把描写语言学和声韵考古学对照，得到很大启发。这方面得赵先生之力，也是姜亮夫先生一生学问基础的关键之一。

姜先生的第一部铅印本《中国声韵学》就是在这基础上进一步研究、总结而成的专著，于1932年由世界书局精印出版。这是我国比较早期研究声韵学的专著之一，当时影响很大。

"清华园的先生们确是我国名副其实的国学大师，他们不仅给学生广博的知识、高深的学问，而且教会学生做学问的方法。根据不同的学生特点指引研究的方向，最后让你自己独立研究。这种教书育人的方法，使我终生难忘。"这是姜先生事隔60年后在回忆录中的一段总结语。

清华园内王国维先生墓碑（摄于 1995 年）

1927 年 4 月，李大钊先生遇害，北京学生界大为震怒。局势日趋紧张、恶化，北伐军已攻下南京，正渡江北上，清华园内党派斗争也日益激烈，这是政治变革前夕的必然现象。王国维先生是清朝末代皇帝溥仪的老师，将何去何从对王国维先生个人来说是件大事。不料王国维先生于农历五月初三投湖自尽，在遗书上写"……五十年只欠一死，经此世变义无再辱……"此事件对姜先生来说，是亲眼目睹的现实，使先生十分痛心！

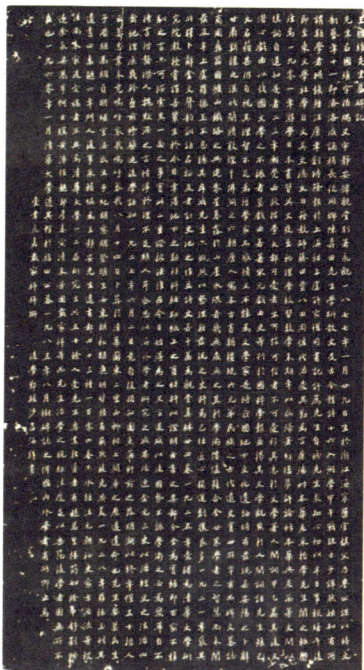

王国维先生墓碑记（戴家祥文、沙孟海书，1985 年）

此时南京政府成立，北方学生普遍认为南京政府有希望，姜先生也想到南方看看政局变化，决定不去女师大任教，而赴南通中学任职。一年后又转无锡中学任教。1929 年 5 月离锡赴沪。

姜亮夫在南通中学任教时在宿舍备课情景（1928 年 2 月）

姜亮夫在无锡中学小窗前静读留影（1929 年 4 月）

十年恋情

20 世纪 30 年代的上海外滩

1929 年，姜亮夫离锡赴沪。在这繁华似锦的城市中，既有更多机遇，也处处是暗潮汹涌。在传统学术文化领域来说，北京是中国文化积淀最深、根基最厚之处，而十里洋场的上海则更大程度上吸收了西方人的思维方式、生活方式、语言文化……这里也是各种进步思想、革命活动极为活跃的大沃土，在这个繁华的大都会里，姜亮夫先生度过了他青年时期一段极为丰富多彩的人生之路。

他的师缘很好，一到上海住在简朴的俭德储蓄会馆，在登记表上，胡朴安先生发现了来自清华的姜亮夫，认识后印象很好。后胡朴安先生介绍他去持志大学教授古声韵学，后又介绍他去大夏大学教声韵学和《国学概论》。由于两校都教声韵学，姜亮夫在这基础上写成《中国声韵学》。该书前半部主要是语言发音部分，后半部重点是语音学史。这是系统讲中国声韵学方面的第一本大学教材，由世界书局出版。在给两校上课期间，他又兼职北新书局的编辑工作。

姜亮夫在北新书局任编辑时的照片

姜亮夫在持志大学任课时的照片

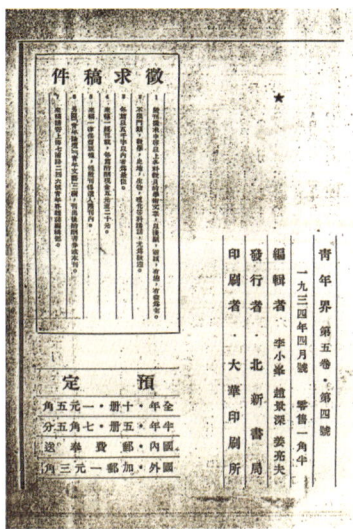

姜亮夫在北新书局任编辑时编辑的杂志《青年界》

1932年世界书局出版的《中国声韵学》

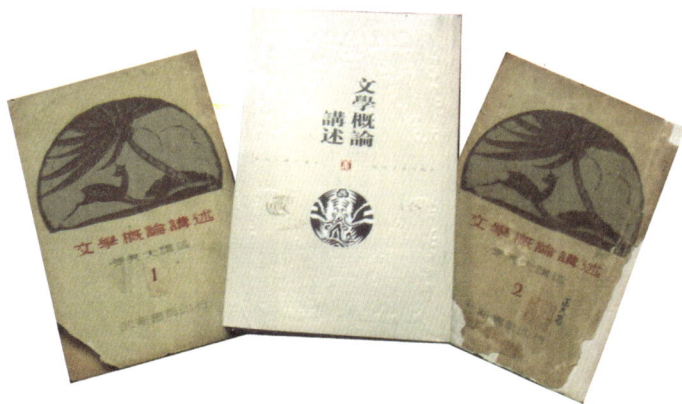

1933年北新书局出版的《文学概论讲述》

　　姜亮夫先生在持志大学教声韵学，每周上课两次，每次三节课。自此开始了他一生忠贞不渝的爱情经历。在一次教课中，他无意中注意到第一排坐着六位女生，有五位打扮入时，而另一位不擦脂涂粉，十分朴素。当讲到难点处，姜提问学生，这位女生总能贴切回答问题，十分聪敏！这样过了四个多月，接校方通知，这班学生要毕业，教师要指导学生写毕业论文，分配给姜先生的学生叫陶秋英，两天后陶秋英来找姜先生，姜先生一见，就是那位从不打扮而十分聪慧、俊秀的女生。论文题为《中国妇女与文学》，经过四个月的指导，终于完稿送交学校。

　　由于撰写论文，姜陶二人接触较多，对陶秋英及她的家庭情况了解日深。

　　陶秋英的父亲陶神州，江苏吴江人，在沪杭铁路局供职，文学根底很好。母亲陈引，内仁外朴。

陶秋英在持志大学时的倩影

陶秋英（右一）与母亲（中）合影

陶秋英温柔、矜持，讲话轻声细语、走路小心稳重，中国文学基础很扎实并写得秀丽端正的书法。两年前陶神州作主，为其与吴江富豪的儿子姚某订了婚约，并收下聘礼。陶秋英对此极度不满，借口读书，迟迟拖延结婚。为此陶父对女儿控制更严。陶秋英快毕业前夕，忽然主动邀姜亮夫先生去虹口公园会面。一见面，陶秋英痛哭，姜亮夫先生手足无措。陶边哭边诉说心中的痛苦，原来陶父逼她一毕业就和姚某结婚。陶秋英坚决不同意这件婚事，陶父大发雷霆，并威胁说："如果不嫁，解约后在家服侍老父一辈子，从此不许嫁人！"这是陶家的家风，亲友中确有先例。陶秋英要姜亮夫先生帮她出主意，他也明白，这是陶秋英对他的信任。姜亮夫知道事情的严重性，便果断地说："此事首先要解约，以后嫁不嫁是第二步。要能解约，就采用拖，拖到迫使对方和你解约！"为了减少陶秋英在家中的烦恼，姜先生建议她毕业后应立即找工作，还答应帮陶找工作。在友人帮助下，陶一毕业就赴苏州女子中学任教。因为在苏州陶家有房产，居住生活不成问题，而陶父是无法跟随她去苏州的，因为陶父必须要夫人侍候才能生活。陶秋英在苏州教书的一年中，与姜先生平时日日有书信，最多一天三封，最长一信可达12页。几乎每周姜先生要去苏州与陶会面一次，苏州的名胜园林景点都留下了他们的踪影，有时他们还去无锡赏景，此时两人处在热恋中。

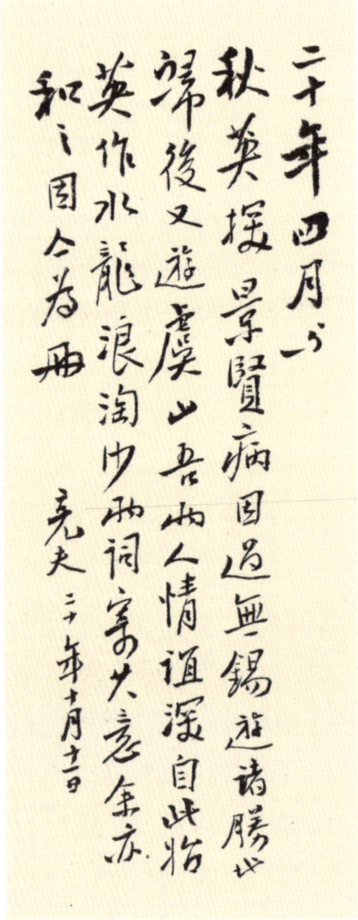

二十年四月与
秋英探景賢病因過無錫遊諸勝也
歸後又遊虞山吾兩人情誼深自此始
英作水龍浪淘沙兩詞寄夫意余亦
和之因合為冊
亮夫 二十年十月十日

姜、陶游无锡后姜记下的感言手迹

浪淘沙 同上
柳媚鬥花妍裝點山川山崖水涘儘流連絮語深情通
欵欵不羨神仙好景不常全遽賦陽關别時容易見時難
縱是雙鯉傳尺素須得明天

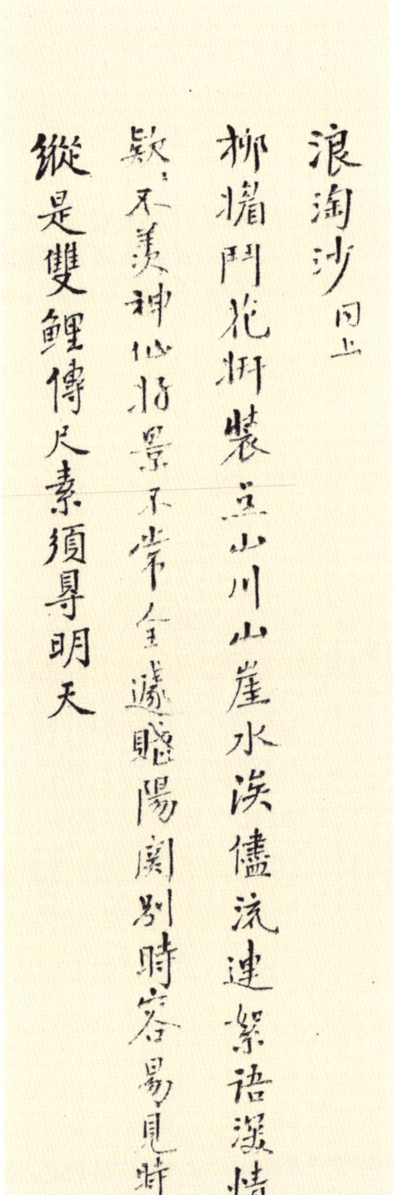

陶秋英游无锡后回苏州女中作词《浪淘沙》赠姜亮夫先生，词文如下：

浪淘沙 同上

柳媚斗花妍，装点山川，山崖水涘尽流连。絮语深情通欸欸，不羡神仙。 好景不常全，遽赋阳关，别时容易见时难。纵是双鲤传尺素，须得明天。（姜亮夫书）

陶秋英又作词《水龙吟》赠姜亮夫，1931年4月14日（姜亮夫书）

姜亮夫作《水龙吟》步圣闲（陶秋英）东大池原韵回赠

水龙吟

二十年四月十四日探景贤病过锡游东大池作

池塘挽得春来，裁成隔岸桃花路。斜阳掩映，娇姿倒影，落红应妬，自是消魂，几行游客，两三村女。更双双鸂鶒，碧波静躲，都聚在、花深处。 最好归鸞回顾，算多情、绿杨无数。纤腰慢摆，欲前还山，非缘俏舞。闻道痴心，欲留人住，柔情千缕。折几枝携着，更行更远，更相随去。

水龙吟

此间自是桃源，香车不近尘埃路。酣酣日脚，濛濛远树，醉人欲妬。麦浪天低，银塘山影，花似春女。待平分水色，骈肩把手，拥人绿、西桥处。 莫道微波轻浅，有痴心、绿杨无数。展眉信脚，看鸳鸯并，共鸂鶒舞。笑问如今，登山临水，踏青挑菜，情添些缕。且高歌陌上，年年只应，伴君来去。

与此同时，陶秋英的毕业论文《中国妇女与文学》于1931年11月在北新书局出版，书名由姜亮夫题写。30年代陶秋英已大胆提出妇女在中国文学上应有独立的地位，对妇女的成功、妇女的创造、妇女的发明不应有异于男子，不应受到任何恶势力的支配！这是当时社会上知识女性的呼声！

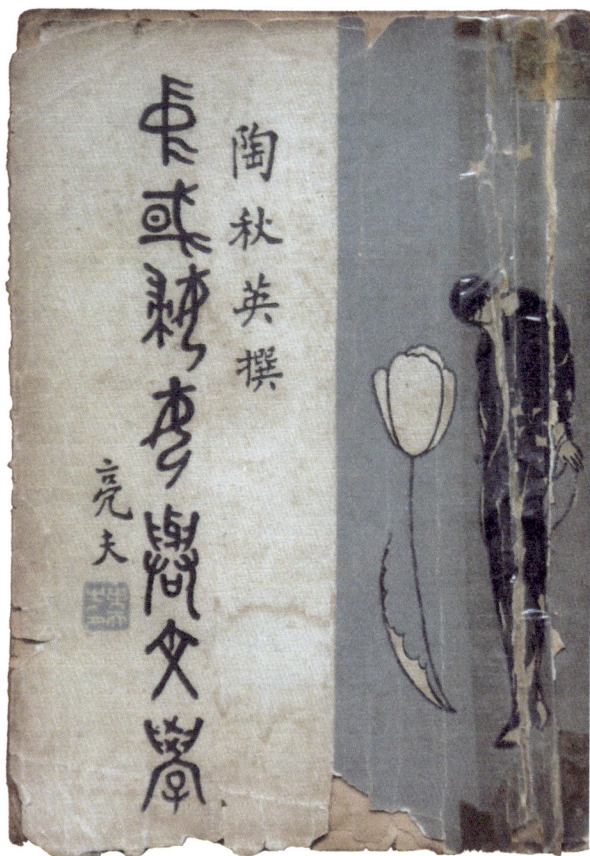

《中国妇女与文学》书影

陶秋英写给姜亮夫的信笺。这种艺术的书信形式，充分体现她初恋的喜悦心情

姜亮夫送陶秋英去苏州女中任教时在火车旁合影

1931年10月31日，姜亮夫收到陶秋英正式同意"私订终身"的信后，心情特别激昂，他沉醉在爱情的喜悦中，为此挥笔写下"创造出一个新的人生"的白话诗，诗中字字句句表达出真挚的爱意。他俩终于迈出这可贵的一步，艰难的一步！但他们万万没有想到在这条艰辛的爱情之路上，还要奋斗七年！

姜亮夫给陶秋英的"创造出一个新的人生"原信，陶在此白话情诗上用红色笔写上"好诗"

陶秋英当时的倩影

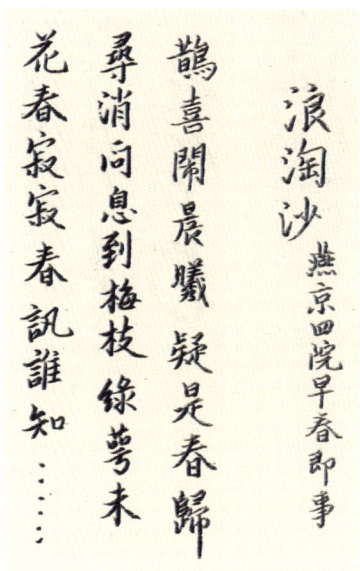

陶秋英《浪淘沙》首几句词

苏州女中任教一年很快期满，陶父又逼陶秋英成婚，两人一商量，决定报考燕京大学研究院，这样离上海更远，结果被燕京大学录取了。但陶父一元钱也不给，迫使女儿无法就读！陶秋英只得向叔父借五百元，叔父提出一年后必须归还的条件。只要能读书去，一切条件先答应下来，陶父无奈，眼看女儿乘车北上。此借款姜亮夫先生省吃俭用薪酬稿费，节省下来用以归还债务。陶父这时已知晓女儿有一"穷教书匠"男友，为此管束更严。

陶秋英一到燕京，犹如小鸟暂时飞出鸟笼，时时有诗词寄给姜亮夫。几句《浪淘沙》可窥知陶秋英喜悦的心情，词文如下：

浪淘沙 燕京四院宿舍即景 三一冬末试题作

鹊喜闹晨曦，疑是春归。寻消问息到梅枝。绿萼未花春寂寂，春讯谁知。……

　　在燕京，陶秋英原有的扎实文学基础和她的聪慧敏捷才思结合，她的才华得到新的提升。

陶秋英在燕京姐妹楼前留影

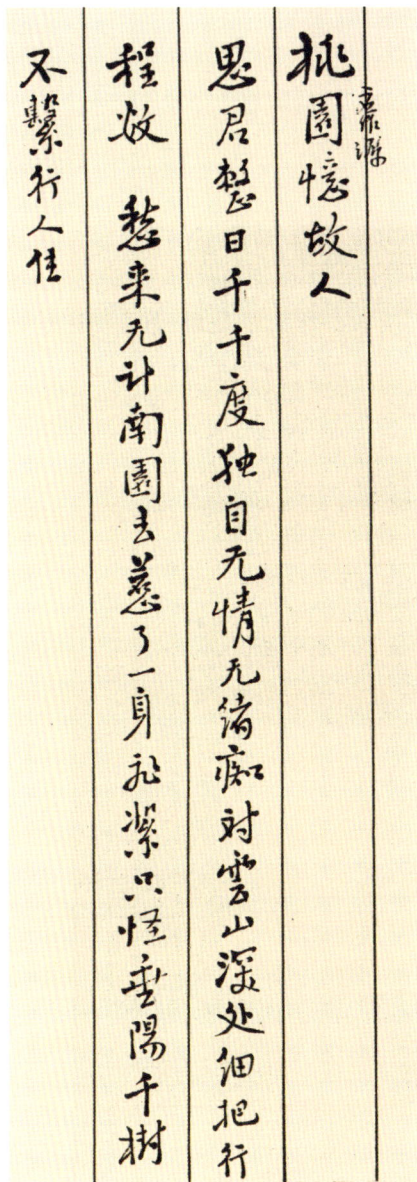

这期间两人几乎三天一书，两天一信。尤其是陶秋英的词，表达了她的深情厚谊和才华，见书如见其人，见词如闻其声。但陶秋英孤身一人在燕京，姜亮夫总是放心不下。为此前后有好几个月，姜赴北京陪读。星期日去故宫、上天坛、下北海，两人形影不离。

1932 年 3 月，姜亮夫的祖母逝世。陶秋英力促姜回昭通探亲，两人又将小别，陶秋英常作词以补相思之苦。

接《桃园忆故人》 秋英词 亮夫书

桃园忆故人

思君整日千千度，独自无情无绪。痴对云山深处，细把行程数。

愁来无计南园去，惹了一身飞絮。只怪垂杨千树，不系行人住。

接《桃园忆故人》词后姜亮夫记事手稿

二十一年夏初，余南归省亲，秋英独留燕北，时剧病三月方苏。余戒其少事剧劳。万里途中，时时忆病中况情，相思弥切。余有"病榻三月，君未愈，扁舟一叶，我独归"之句。即抵家，则英书已先我而至，附小景一帧，盖在清华旧宿舍前所为摄者也。后此亦时有诗词小影之属寄我，每一书至，如见玉人，而诸弟妹时时窃英书去，率之不得，责以勿观人私书，则笑曰："非书诗与词耳"，即朗朗诵英诗不辍，以相嘲弄。余亦晒默。诸弟妹强以纸率吾两人往来诗词，余愧不能为。渐则亲友中多知之。亦往往率观英影与诗词，皆哗为高才。吾父尤特爱之，云有外家某舅之风，时时诫以"善待伊人"。七月二十四日忽得两函自沪与杭来者，毁吾两人甚。余固有恶疾，至是遂发，卧床几匝月，病中尤感念英玉形于梦寐，常半夜惊起，呼英不止。余自知非强抑幽情不能早愈。故下月下旬病遂以瘳，沪中事不可久延，于整装之日，惧英词诗有散落，遂集录之如左，自惜纷飞至桃园忆故人是也。

亮夫二十一年八月二十二日记

姜、陶二人小别前在公园留影

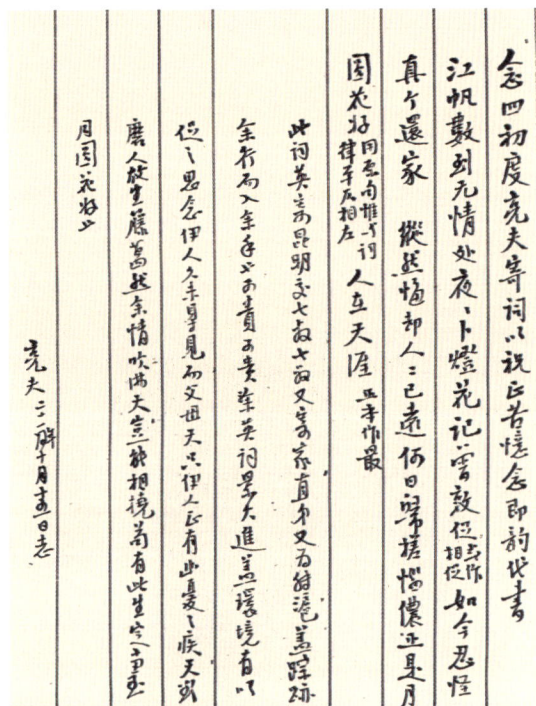

陶秋英词，姜亮夫书。手迹

姜亮夫因祖母丧事，奔赴云南昭通。途中曾寄词陶秋英，而陶秋英亦忆远去之人，故作词以答：

念四初度，亮夫寄词以祝，正苦忆念，即韵代书。

江帆数到无情处，夜夜卜灯花，记曾敦促（或作相促），如今忍怪真个还家。

纵然悔却，人人已远，何日归槎，恼侬最是月圆花好，人在天涯。

注：亮夫十年不归，虑其恋情，盖曾促其省亲。

此词英寄昆明交七叔，七叔又寄家，直弟又为转沪。盖踪迹余行而入余手也，可贵可贵！英词景大进，盖环境有以促之，思念伊人，久未得见，而父母天只，伊人正有幽忧之疾，天欲磨人，故生藤葛，然余情吹满天，岂能相挠，苟有此生，定当至月圆花好也。

亮夫二十一年十月十五日志

姜、陶（中）二人在故宫博物院前留影

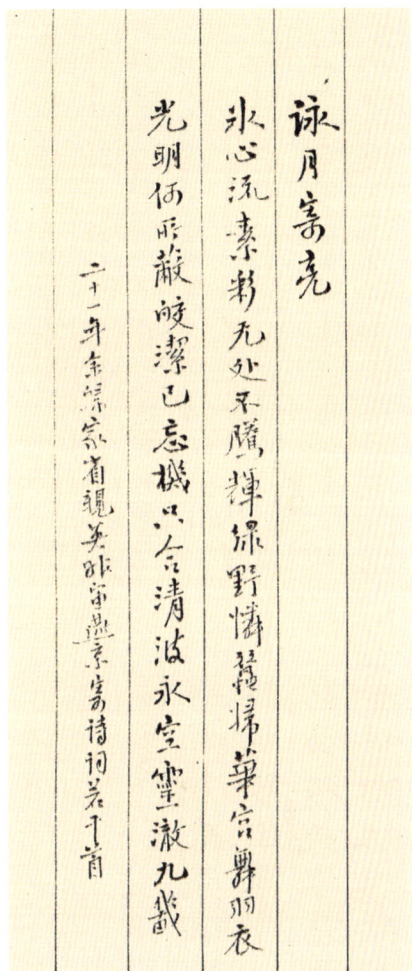

《咏月寄亮》陶秋英词，姜亮夫书

　　当姜亮夫回家探亲，陶秋英一人留在燕京，思念之情日甚，只能以词来表达苦恋之心！今选数首姜亮夫手书之词：

咏月寄亮

　　冰心流素彩，无处不腾辉。绿野怜蚕妇，华宫舞羽衣。　光明何所蔽，皎洁已忘机。只合清波永，空灵澈九畿。

　　　　二十一年余归家省亲，英姑留燕京，寄诗词若干首。

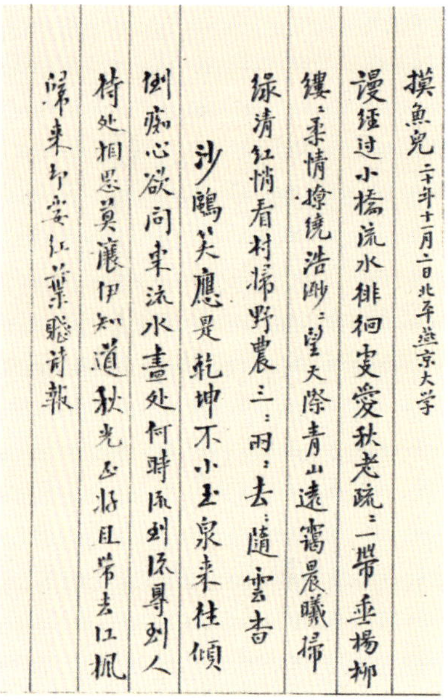

摸鱼儿 二十年十一月二日北平燕京大学

漫经过、小桥流水，徘徊更爱秋老。疏疏一带垂杨柳，缕缕柔情撩绕。浩渺渺，望天际，青山远霭晨曦扫。绿清红悄。看村妇野农，三三两两，去去随云杳。

沙鸥笑，应是乾坤不小，玉泉来往倾倒。痴心欲问东流水？尽处何时流到。流得到，人待处，相思莫让伊知道。秋光正好。且带去江枫，归来却要，红叶赋诗报。

《摸鱼儿》陶秋英词，姜亮夫书

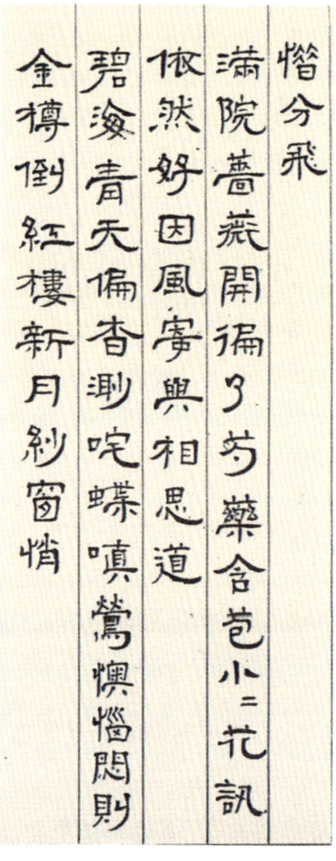

惜分飞

满院蔷薇开遍了，芍药含苞小小。花讯依然好，因风寄与相思道。 碧海青天偏杳渺，咤蝶嗔莺懊恼。闷则金樽倒，红楼新月纱窗悄。

《惜分飞》陶秋英词，姜亮夫书

雨中花 原意　二十一年五月十九日

润彩添香婉娈，低首更增腼腆。蝶恶蜂狂都避了，自在新装展。 妩媚可怜初浴洗，莫错认，泪痕深浅。恁他便，苍红随意堕，湿径无人践。

《雨中花》1932 年 5 月 19 日　陶秋英词，姜亮夫书

忆江南 原意　二十一年五月十九日

清早起，无意便闻莺。料想江南天外路，花娇柳恨正生情，芳草又连塍。 春来恨，燕子已还家。若问庭园何处好，轻轻嫩柳碧如纱，隐隐远山遮。

《忆江南》1932 年 5 月 19 日　陶秋英词，姜亮夫书

THE · TRUSTEES · OF · YENCHING · UNIVERSITY
PEIPING · CHINA

TO · ALL · PERSONS · TO · WHOM · THESE · PRESENTS · MAY · COME · GREETING
· BE · IT · KNOWN · THAT

Tao Ch'iu Ying

HAVING · COMPLETED · THE · STUDIES · AND · SATISFIED · THE · REQUIREMENTS
FOR · THE · DEGREE · OF

MASTER · OF · ARTS

HAS · ACCORDINGLY · BEEN · ADMITTED · TO · THAT · DEGREE · WITH · ALL · THE
RIGHTS · PRIVILEGES · AND · IMMUNITIES · THEREUNTO · APPERTAINING ·
IN · WITNESS · WHEREOF · WE · HAVE · CAUSED · THIS · DIPLOMA · TO
BE · SIGNED · BY · THE · CHANCELLOR · AND · BY · THE · PRESIDENT · OF · THE
UNIVERSITY · AND · OUR · CORPORATE · SEAL · TO · BE · HERETO · AFFIXED · IN · THE
CITY · OF · PEIPING · ON · THE · TWENTY-FIRST · DAY · OF · JUNE · IN · THE · YEAR
OF · OUR · LORD · ONE · THOUSAND · NINE · HUNDRED · AND · THIRTY-TWO ·

此項專為證明之用證明在吉格證

PRESIDENT

吴雷川 CHANCELLOR

陶秋英燕京大学研究院毕业证书

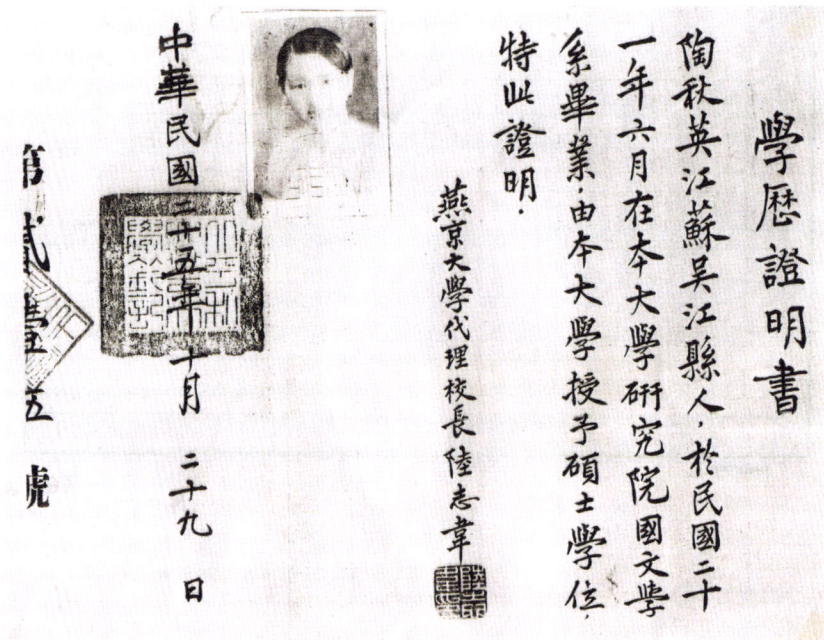

學歷證明書

陶秋英江蘇吳江縣人·於民國二十一年六月在本大學研究院國文學系畢業·由本大學授予碩士學位·特此證明·

中華民國二十五年十月二十九日

第民字五號

燕京大學代理校長陸志韋

陶秋英燕京大学硕士学位学历证明书

1932 年 5 月，陶秋英在燕京的硕士毕业论文《汉赋之史的研究》得以顺利通过。七年后该论文在中华书局出版。由于她的成绩优秀，燕京大学要她留校任教。陶父去信坚决不允，非要女儿回上海不可。陶秋英怕事情闹大，忍辱回沪，又陷入陶父严控之下，成天逼婚。

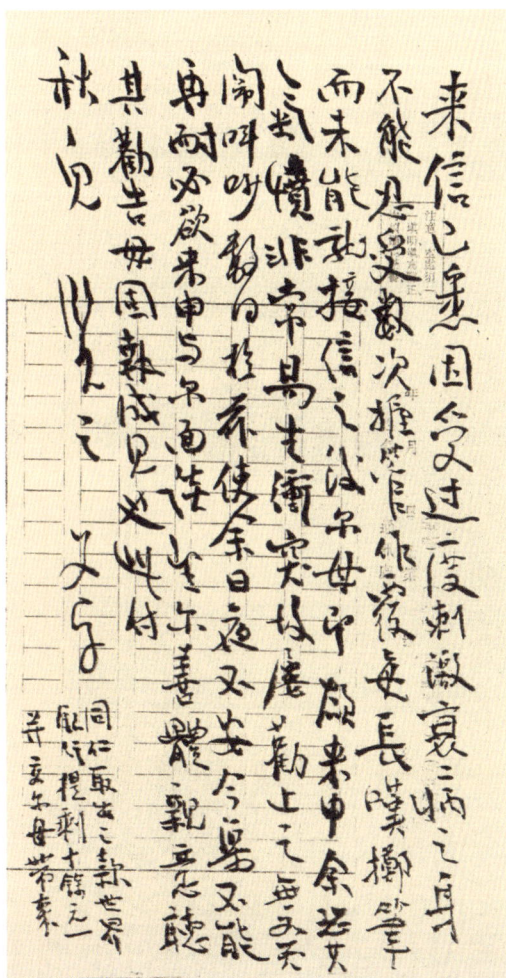

陶父逼婚之信原件之一，信件内容如下：来信已悉，因受过度刺激，衰病之身，不能忍受。数次握管作覆，每长叹掷笔而未能就。接信之后，尔母即欲来申，余恐其气愤非常，易生冲突，故屡劝止之。母又叫吵数日于兹，使余日夜不安。今渠不能再耐，必欲来申，与尔面谈。望尔善体亲意，听其劝告。母固执成见也。

吹皱一代春水
虹口公园摄

秋英嫣

亮夫

"吹皱一池春水" 姜亮夫摄

姜、陶二人平静、甜蜜的恋情，不仅仅是"吹皱一池春水"，而是狂风巨浪即将来临。此时陶秋英内心痛苦万分，正像她给姜亮夫先生的信中所说："……思虑纷乱，在一切的思虑中，想得最多的是'母亲'和'你的勖勉'，从接了两信后的一小时间，拿起你的信来看看，换了父亲的信来看看……"陶秋英陷入极度矛盾的心态之中。

陶秋英接父信后矛盾心态痛苦之信

这样久拖不决总不是良策，其结果定是两败俱伤！为此陶秋英复信姜亮夫，信曰："双亲俱悉底蕴，父既严峻，母复不谅，晨夕泣劝逼绝，君子母子之爱载天复地，事难两全，忍痛从亲。总之咎在君不听我言，太早为计，夫复何言！兹为君计，早作归图，终养两老，即真爱我，临别赠言：努力自爱……

英 民国廿一年十月二日"

陶秋英给姜亮夫的"努力自爱"信

新年快乐

我并不以这两句为痴语

给你的惟有一句话

我永久爱你，我要久永得到你的爱

二十一年除夕夜三时半

你永久忠实的爱亮

姜先生接此信犹如晴天霹雳！冷静思考达两月余，提笔挥书，倾吐压抑在胸中的肺腑之言，全文如下：

我觉得我们的问题严重得很！我们实在非努力不可！我们对于感情只求其真，事理只求其是，我们要做一个高高巍巍做有利于人类的事情的人！

我觉得我们四年来的纯真的爱情可贵得很，我相信我们有为人典型的资格，只要我们好好培养它。但倘若走错了一点路，则过去的四年，不仅毫无价值，甚至于也不保其纯真，这是我所以为痛心的，我绝对不辞把生命牺牲来证明我生平无戏言、无戏事的精神。

一切千言万语我只是想告诉你而已，决不是要你答复或有所表示。但我表示给你的惟有一句话：我永久爱你，我要久永得到你的爱！我并不以这两句为痴话！遥祝你

新年快乐

二十一年除夕夜三时半
你永久忠实的爱亮

姜给陶的复信"我要久永得到你的爱"手迹

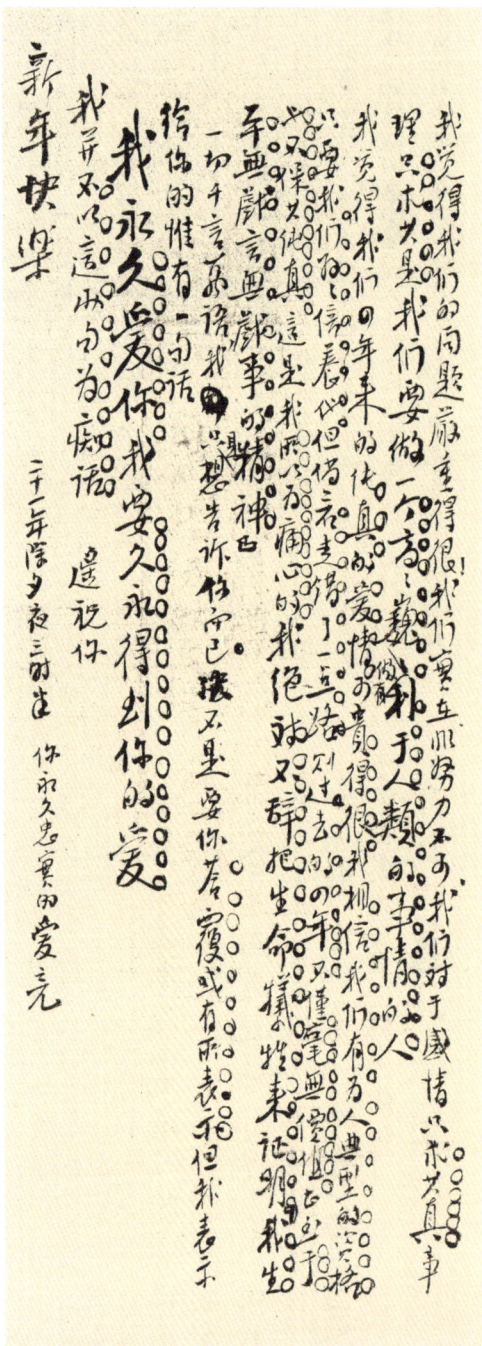

姜亮夫诚挚深爱之心迹深深打动了陶秋英的心，过了不久，她又收到姜亮夫的信："我愿伊时刻在我的身边，如今、此后，一直到我最末的一天。"（用拜伦句意）

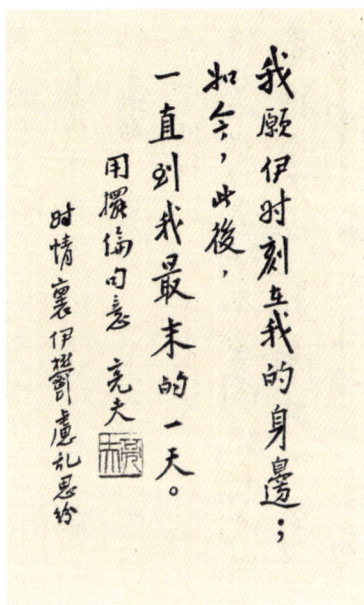

姜亮夫引用拜伦语之信

陶秋英连接姜亮夫的"决心书"，增强了对父母包办婚姻的抗争决心。为此她引用甘地语用工整小楷抄写回复姜亮夫："……人类的尊严要我们服从一个更高的法则——精神力量。"

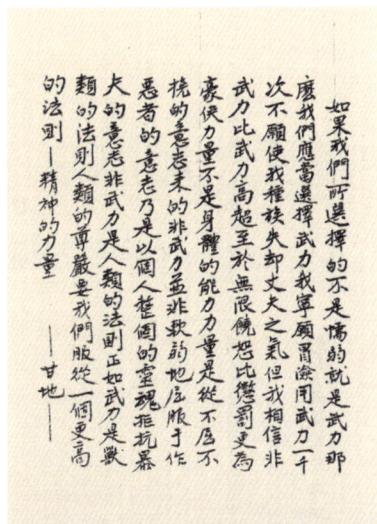

陶秋英引用甘地语表明心意信

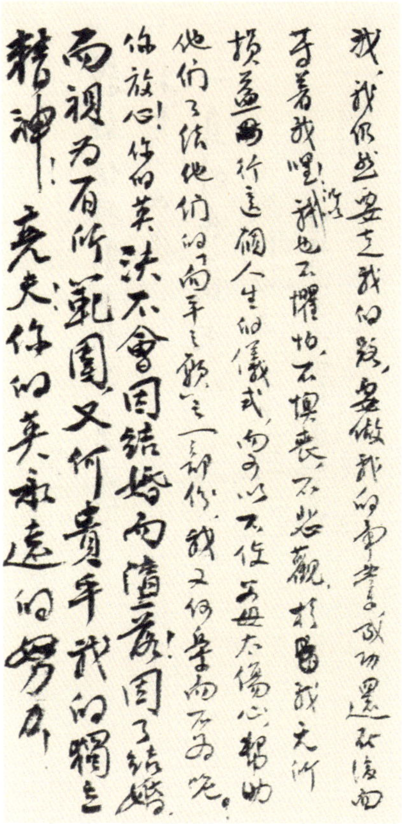

我，我仍然要走我的路，要做我的事业，成功还不渝而
守着我理想，也不惧怕，不懊丧，不悲观，於我无所
损益。所谓这个人生的仪式，实可以不作，免母太伤心，帮助
他们了结他们的两年之愿望之一部份，我又何乐而不为呢。
你放心！你的英决不会因结婚而堕落！因了结婚
而视为有所範围，又何贵乎我的独立
精神！亮夫你的英永远的努力！

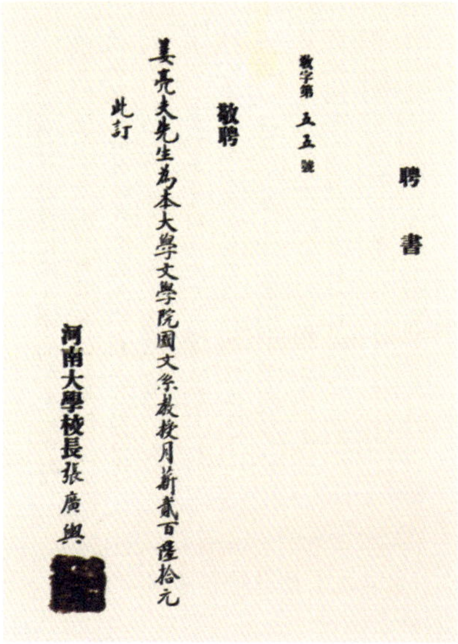

陶秋英在另一信中更明确说明自己的立场：“我仍然要走我的路，要做我的事业……你的英决不会因结婚而堕落；因了结婚而视为有所范围，又何贵乎我的独立精神，亮夫！你的英永远的努力！”

陶秋英表明自己独立精神的信

聘書

教字第 五五 號

敬聘

姜亮夫先生為本大學文學院國文系教授月薪貳百陸拾元

此訂

河南大學校長張廣輿

1933年9月，陶秋英为了抗婚，去上海中西女中任教。陶父恼羞成怒，扬言要给点颜色给“教书匠”看看。为了姜亮夫的安全，陶秋英建议姜暂离上海，免得发生意外。为此于1934年5月姜亮夫决定暂去开封河南大学任教。

河南大学聘书

《古声考》原始统计表

30 年代，上海滩上灯红酒绿，诱人繁华。风华正茂的姜亮夫先生既有浪漫恋爱的事，但他更潜心于事业，成就了早期的辉煌，也在历练中让他对国家民族兴亡盛衰有更深沉的思考。

1932 年四月《诗骚联绵字考》石印本成，共印一百本。

1934 年，姜亮夫先生在河南大学任教期间，还从事《古声考》研究。在姜亮夫先生的遗稿中，我们还看到他对古声韵考证的"原始"统计表。说它"原始"，不是指它的结论，而是在遗稿中唯一出现的统计过程的面貌——"正字计数法"，每一个古声韵字下有不等的"正"字。一个"正"是五笔，如果一个声韵下出现六个"正"字，那就是 5×6=30。从这张统计过程的方法可以推测到姜先生的《李白诗韵》、《楚辞表谱》的统计结论，就是这样一个一个"正"字汇总起来的，这要有多大的耐心啊！

李白诗韵部统计表

　　姜亮夫还制作了全部《楚辞》中常用字、词的统计表，有的是虚助字，有的是实词，共收有80多组字或词的统计表。"而"字，《离骚》73次、《九歌》3次、《天问》23次、《九章》199次、《远逝》58次、《九辩》116次……根据这些统计，经过归纳、综合后再从中找出规律。这些统计是姜亮夫先生一篇篇一句句一字字统计而成的，这要花多少时间和精力，真不敢想象其耐心、细致的程度。时代在进步，如果在今天运用电脑是轻而易举的事。但电脑是机械统计，老一辈的统计是再一次"学"，经过统计，可以加深理解，铭记在心中。学问就是靠这样来沉淀、凝聚的。

　　《李白诗韵次数统计表》则是姜亮夫先生按声韵的要求统计李白全部诗的用韵规律。它的前提是对声韵学有深厚的根底，这样才能科学地发现一个作家用韵的规律，可用来作为旁证诗、词作者的真伪证据之一。推而广之，如《远游》是否是屈原所作也可用声韵的习惯用法来作旁证材料之一，即把《离骚》、《九歌》用韵与《远游》用韵对照常用韵是否相似，作为旁证参考材料之一。

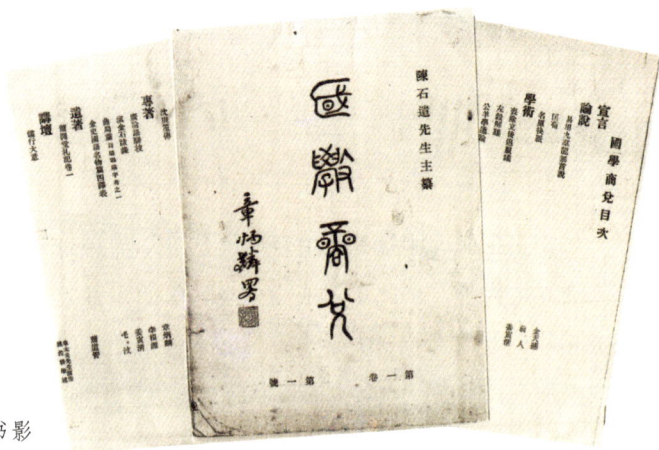

《国学商兑》书影

姜亮夫自离开清华后，对恩师王国维先生蹈湖之死悲感之极。他联想到屈原投汨罗江之举，决心校注屈原赋，以寄托自己的哀思。1929年至1932年《屈原赋校注》初稿成。

1933年6月，在陈石遗先生主编的《国学商兑》创刊号上，姜亮夫先生发表《名原抉脉》、《曲局篇》两文，皆以研究古社会史为目的，加以文字源流之考。这是姜先生早期在国学专刊上发表的论文，得到章太炎先生的赏识。

同时姜亮夫积极参加国学会的学术活动，成为当时国学会的讲师之一，并多次进行学术讲座。他的才华初步得以展示。

国学会撰述员表及国学会讲师表

　　后由李根源（印泉）先生介绍，姜亮夫于1934年1月在上海同福里拜章太炎先生为师，从此正式成为太炎先生的入室弟子。当时太炎先生赠姜亮夫相片，上款书"亮夫弟惠存"，下款书"章炳麟赠"。同年8月，又赠联以鞭策，联曰："多智而择，博学而算；上通不困，幽居不淫。"

章太炎先生像（原相片"文革"中散失，此为另补）

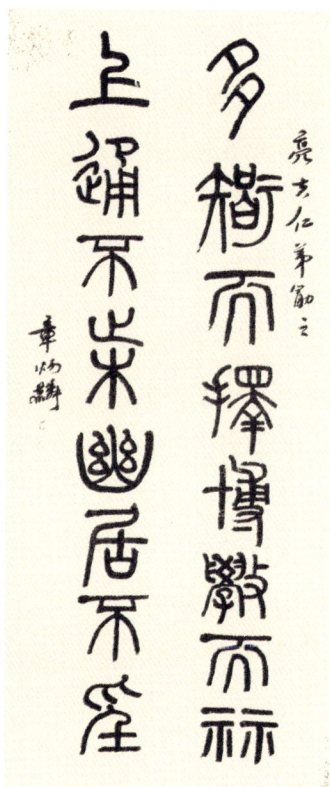

章太炎先生赠姜亮夫联

1935 年姜先生《尚书新证》写定。其中前 24 篇在抗战中，自西安寄成都时，因邮件被炸而损失。现存残稿数片为证。

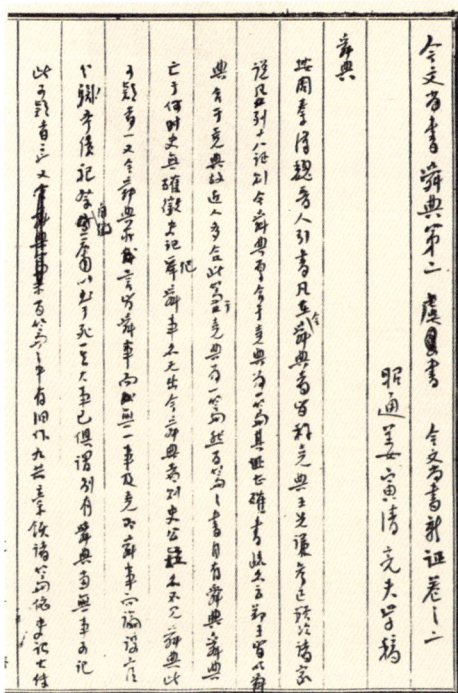

有关《尚书新证》事手迹影

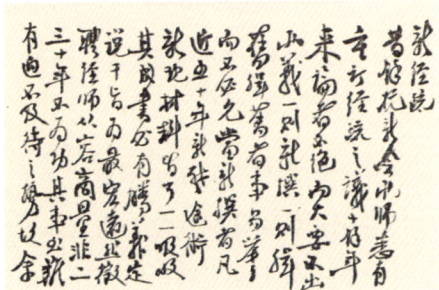

今天《尚书新证》卷之二残稿影

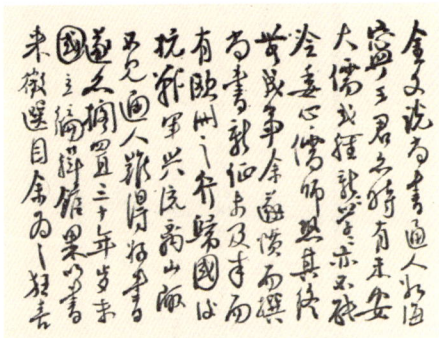

姜先生关于《新经疏》事手迹影

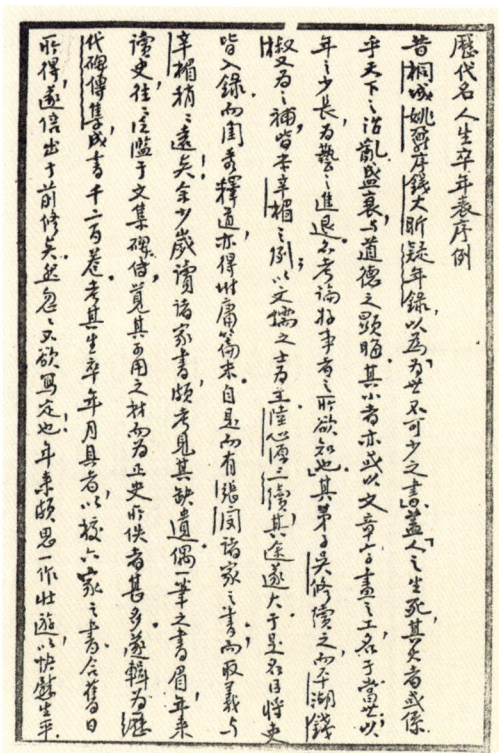

《历代名人生卒年表序》手迹

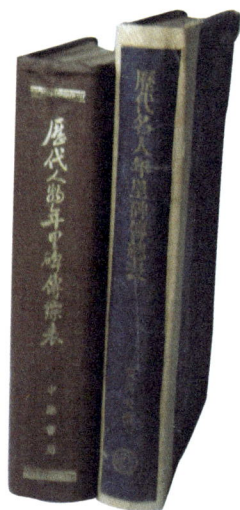

1935 年商务印书馆出版的《历代名人年里碑传综表》和 1975 年香港中华书局版《历代人物年里碑传综表》书影

　　姜亮夫先生治学成功之点，在于他既有深厚的语言文字学为基石的中国传统文化的底蕴，在具体研究工作中，他又善于积累资料，在详备的资料基础上做专题研究工作，他说"编工具书这类事，我们研究学问的人，非做不可"。《历代人物年里碑传综表》的成书过程，是姜先生在阅读古籍过程中资料积累整理的典范。该书收录了自春秋末至 1919 年以前去世的历代人物 12000 余人的姓名、字号、籍贯、岁数、生卒年及所据材料的出处，是稽查我国历史人物生卒年及碑传记载情况的重要工具书。数万张卡片正是他从近万册书中点滴集合而来的，这种治学的"笨"功夫，决非人人能做到的。该书 1935 年商务印书馆初版，新中国成立后又增订。1959 年 9月中华书局一版，1965 年 12 月中华书局再版，1975 年香港中华书局又翻印一次。

姜亮夫在河南大学工作期间，学校十分重视，开设《中国文学史》课，编写了《中国文学史论》，并给予石印出版，后又与12名学生合作编《左传集解》，经过八个多月努力，终于完工，分装80册，由河南大学图书馆收藏。后又和学生一起编姜先生的旧稿《甲骨吉金篆籀文字统编》一书，河南大学又把它石印40部。

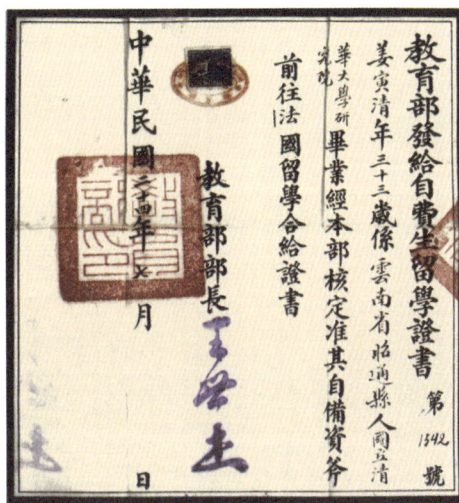

姜亮夫自费留学证书

姜亮夫先生这期间精力虽然大部分集中在工作上，此时与陶秋英之间的情谊更深。但陶秋英的父亲态度未变，仍强烈反对女儿嫁给云南山里出来的"教书匠"。为了改变这种局面，陶秋英建议姜出国留学，留学后陶父态度可能会有变化。如仍不变，陶秋英决定也出国。原先姜亮夫也有学历史考古学的想法，陶秋英的建议不失为上策。为了深造、为了能与陶秋英幸福过一生，姜亮夫忍痛辞去河南大学之职，毅然决定去法国巴黎大学深造。为了筹足路费，他把《历代名人年里碑传综表》书稿卖给商务印书馆，加上积蓄的薪酬，共计折合14000多法郎。

姜亮夫赴法留学前在上海留影

姜亮夫赴法留学乘意大利邮轮 Conte Verde 全貌

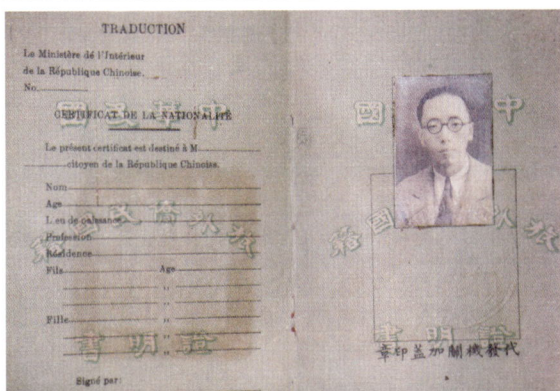

姜亮夫出国护照

　　姜亮夫赴法留学前夕，吴江姚某经不住婚事拖延，终于同意解除与陶秋英的婚约，并签订《解除婚约合同》，套在陶秋英颈上的枷锁终于粉碎。陶秋英初步取得了胜利，但是陶父还是坚决不同意女儿嫁给姜亮夫。解除婚约时，陶秋英已是 26 岁，在 30 年代，女子 26 岁还未结婚，这现象很少见。她抗婚长达九年，可见陶秋英那时反对父母包办婚姻的决心。婚约枷锁解除了，但另一"族规"还压着陶秋英："解约之女终身不能嫁人，伺候父母一生。"陶秋英又只得再"忍"。

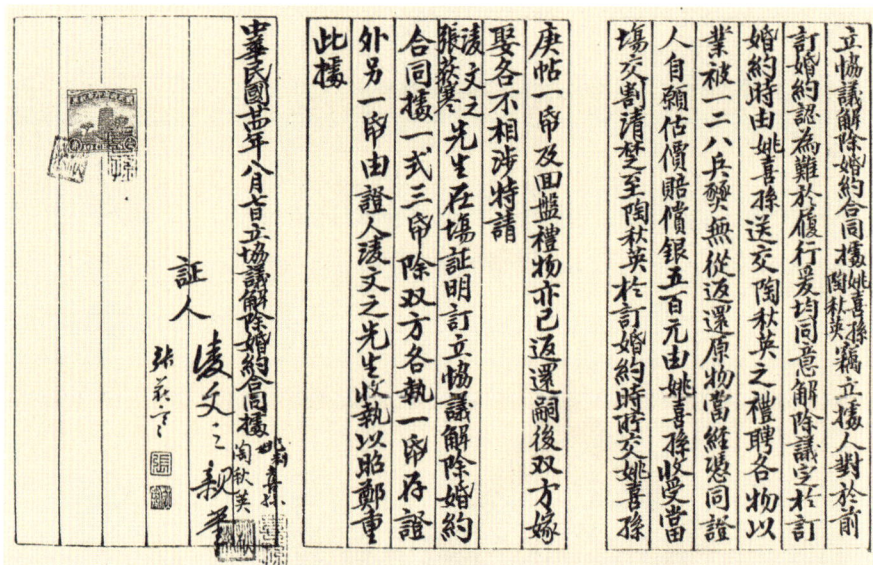

陶秋英《解除婚约合约》影件

　　1935 年 8 月 7 日，姜亮夫乘意大利邮轮"康脱弗"号（Conte Verde）去法国，临行前陶秋英到轮船上送行，两人感到即将长时离别，只有苦而无乐，双方只能忍耐着。分手时陶送姜一个小包，内有一支钢笔、一封信、一张照片，照片反面有一首白话体诗，诗中表达了陶秋英的一片深情厚谊，使姜亮夫感到"英郎"永远在他身边。

亮夫将赴巴黎前一日
秋英书于上海 一九三五年八月六日

影中人默默，问影欲何将？影曰：
"我愿化作海浪飞千丈，随君万里乘风呵护驱不祥；
我愿化甲板，凭君小立望东方；
我愿化白云，片片映涟漪，君可采之作衣裳；
我愿化清风，为君拂暑为君凉；
我愿化明月，慰君相思月月照当窗；
我愿化碧芽，天涯地角处处生芳草，宇宙为君芳；
我愿化作长亭与短亭，五里十里步步先迎君，从君越重洋；
我愿化彤管，助君清思舒展写文章；
我愿化空气，无时无刻无地无不在君旁；
我愿化飞机，学成归国，风驰电掣载君见英郎。"

陶秋英赠照

陶秋英照片背面白话诗手迹

陶秋英送别姜亮夫后至家中，又挥笔写诗一首：

亮赴欧有感

五陵年少风云会，他日龙游虎啸时。

美煞青春正富有，不甘伤老且追驰。

湖山款待殷勤好，翰墨因缘遇合奇。

离别依依珍惜意，欣看欢聚是良期。

船出长江口入东海，姜亮夫恋国之情油然而起，站立甲板咏诗一首：

去国行有寄

午潮黄浦浪已高，褐衣舟子已收锚。

一日去国三万里，回首东望白门潮。

（注：白门潮指南京城西白门附近的长江潮水）

船行共 22 天，在意大利南部 Brindisi 港口的前夜，一时万念钻心，抬头看海边天际的初月，一片黑与暗，禁不住潸然泪下。叹道：

去国三万里，低眉从未申！如何今夜月，一样是愁痕？

船行途中，每日有日记一篇，后成《欧行散记》。9 月 1 日，终于到达巴黎，之后很快进入巴黎大学博士院学习考古学。

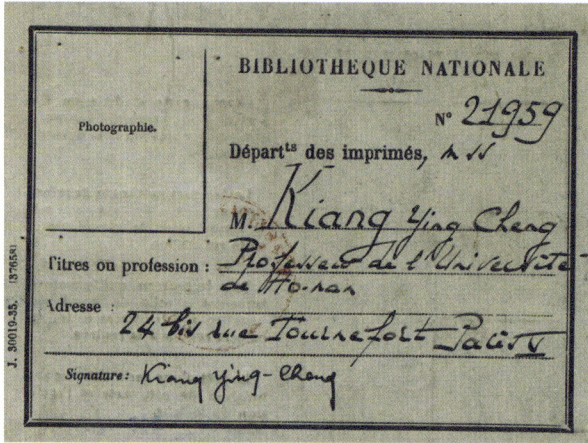

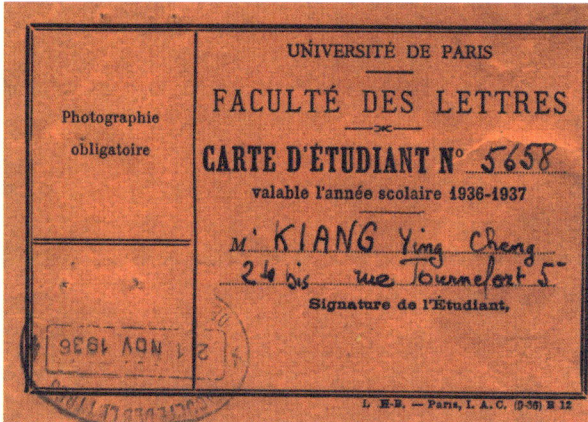

姜亮夫从法国带回的学生证和借书证

　　一到巴黎，姜亮夫感到这是一座绿色的城，随处可见的大教堂的点缀，满街到处可见历代名人雕塑作品与古色古香、充满艺术气息的建筑，这足以显示其历史的悠久。此时，姜亮夫曾作《十月一日塞纳河夜望》诗：

> 塞纳锦带东绸缪，阅尽高庐世悠悠。
> 岸浅时闻千曲乱，波平但觉万灯浮。
> 周行真可逐车马，大夜自来遮狗牛。
> 毕竟可怜溯回水，离人莫遣一心秋。

塞纳河风光

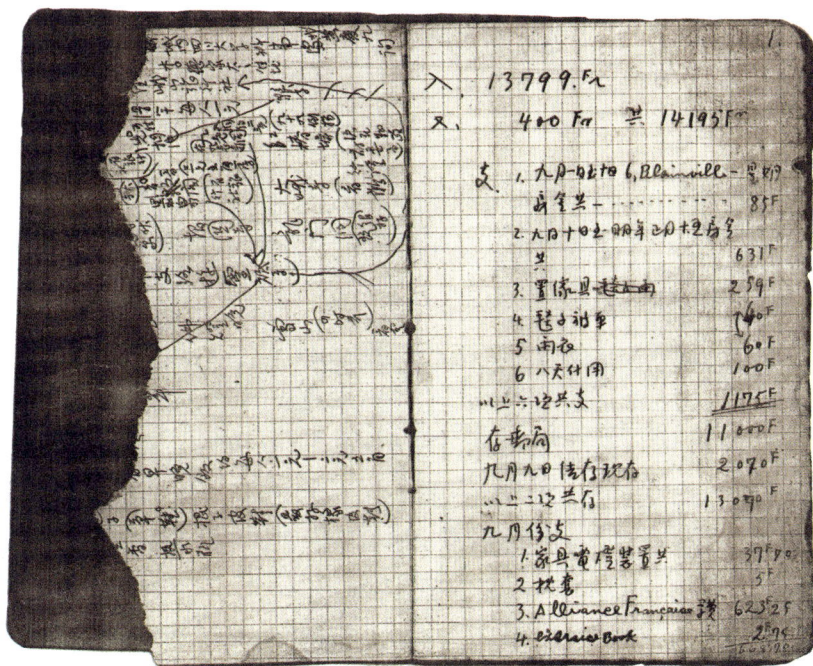

姜亮夫留法时日常开支明细册

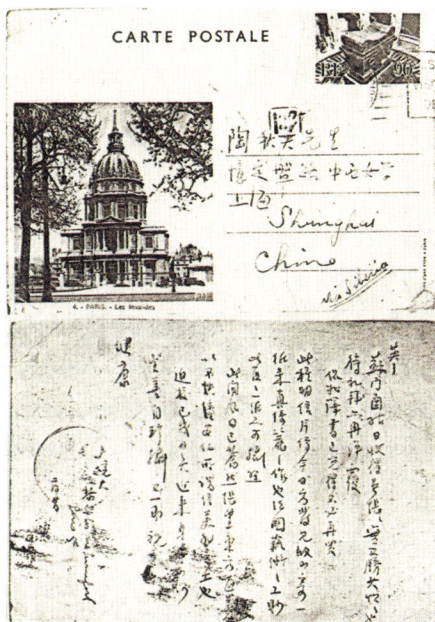

姜亮夫寄给陶秋英明信片之一、之二

La Rue Soufflot et le Panthéon　　PARIS　　Soufflot Street and the Panthéon

姜亮夫寄给陶秋英明信片之三

姜亮夫与陶秋英巴黎、上海往来复信（原信旁批语为复信）

姜亮夫由于法语不流畅，经人介绍认识鲁佛博物馆女秘书尼古拉·芳姬小姐。她是一位热情大方、性格开朗而又漂亮的法国姑娘，芳年23岁，对东方文化、艺术尤为钟爱，经过多次接触后，友谊日深，两人商定中、法文互补学习。一到假日，芳姬还带姜亮夫参观巴黎的博物馆、图书馆、美术馆等80余处。姜亮夫惊讶地发现在令人眼花缭乱的展品中竟然有不少是我国的珍贵文物！他决定编写《瀛外访古劫余录》，告诉国人不忘国耻。从此，他开始努力地抄录、拍摄、拓印各种资料和青铜铭器，光拍照就达3000多张。《瀛外访古劫余录》完成后立即邮寄国内，可惜最终毁于日机轰炸。

姜亮夫先生旅欧留影

在巴黎国民图书馆遇到王重民先生和向达先生，他们两人是官费来巴黎收集敦煌文物资料的。敦煌文物被英、法等国劫去的宝物太多，于是姜亮夫立即加入抢救敦煌经卷的行列中。姜亮夫在《四十自述》一文中对此事记述："……遂排日入馆，选字书、韵书、五经、老子之属。择其要者，抄写响拓、摄影校录，日尽数卷，垂暮归寓，更即灯下，比次论列，夜深漏水，绝不知疲，凡得百数十卷。"由此可见当时之辛苦，他全身投入敦煌学的考古工作中，而毅然放弃攻读巴黎大学考古学博士学位的机会。在法国抢救敦煌经卷工作告一段落，立即又赴英国伦敦大英博物馆、图书馆，继续搜寻敦煌卷子。

在法、英期间，姜亮夫还结识了西方著名汉学研究学者。在交流中他也吸收了诸多西方文化的精髓，使他在以后对中国传统文化的研究开拓了视野、提升了境界，贯通中西文化。

1937年5月，国内局势十分危急，姜亮夫决定立即起程回国。途经柏林、莫斯科，进一步寻找敦煌卷子。后由西伯利亚回国，受聘东北大学任职。

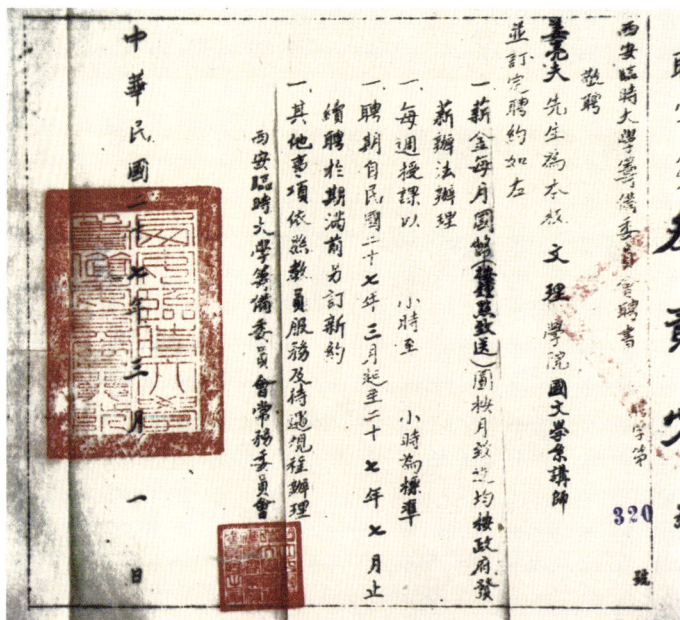

东北大学聘书

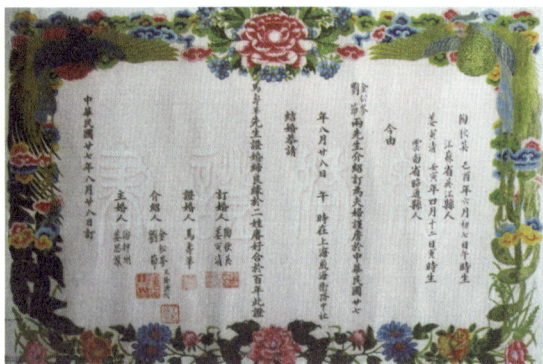

姜亮夫和陶秋英结婚证书　　　　姜亮夫和陶秋英结婚请柬

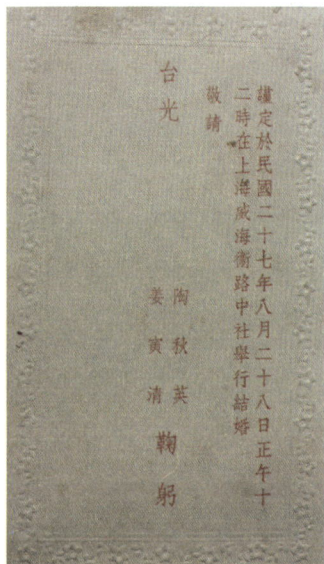

　　1937 年芦沟桥事变后，东北大学为避日机轰炸，再从西安迁至蜀北三台。1938 年 5 月，姜亮夫提前结束东北大学的课程，绕道香港抵达上海与陶秋英会面。虽然陶秋英前婚约已解除，但陶父还是不允。陶秋英终于鼓起勇气与姜亮夫举行婚礼，时间定在 1938 年 8 月 28 日。介绍人是金松岑和刘节两位先生。金松岑是当时和章太炎先生同时代的国学大家，刘节是姜亮夫在清华国学院的同班同学。在 1938 年 8 月 28 日姜亮夫和陶秋英的结婚证书上，他们都盖了私章，但遗憾的是主婚人双方父亲未盖章。姜亮夫的父亲身在云南昭通，由于日本侵华，交通阻断，不能来上海。陶秋英的父亲坚决反对这桩婚姻并拒不参加，当然不会在证书上盖章。8 月 29 日友人帮助他们在报上登了"姜亮夫与陶秋英结婚启事"。不料 8 月 30 日陶父也在该报上登一启事："姜亮夫与陶秋英结婚未经我同意，从此以后脱离父女关系！"陶秋英见到父亲的登报启事，不禁黯然泪下！姜、陶两人苦恋十年，是和封建父母包办婚姻奋斗的十年，最后以自由恋爱、文明婚礼的形式结成伴侣，他们的恋爱史是 20 世纪二三十年代新青年与旧婚姻礼教决裂的真实记录。

姜、陶半身婚照

姜、陶全身婚照

　　结婚后，两人必须迅速离开上海去四川三台。此时由于日军侵华，陆路交通去三台阻断，只得从香港转道越南，再进入云南。为此他们决定乘意大利邮轮至香港。

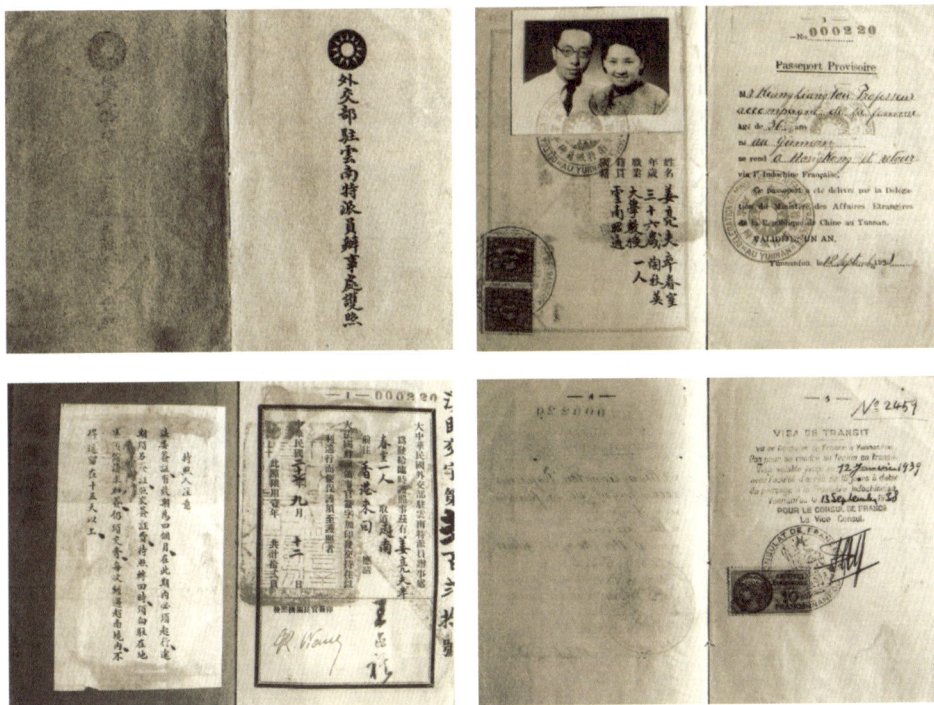

姜、陶两人出国护照

为了防止陶父派人在船码头拦截，卫聚贤先生关照姜、陶不要直接上船。他派人接应，另外坐专船渡到意大利邮轮东侧（不靠岸的一面）上船，意大利邮轮也安排好接应。当汽笛一响，船起航，姜亮夫才安下心来沉默静思：等待十年，还是"私奔"。

姜、陶恋爱十年"两地"信函现尚存 28 册，计百万余言

三台避难

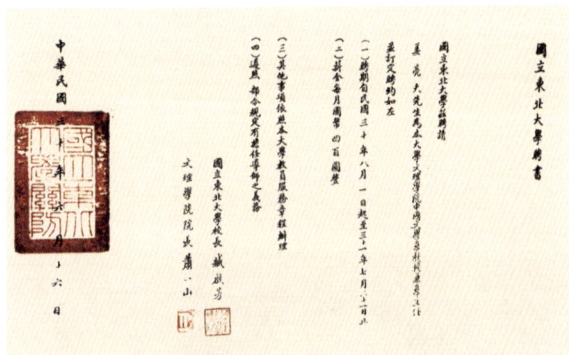

东北大学聘姜亮夫为教授的证书（1940.6）

　　1939 年 10 月姜亮夫、陶秋英夫妇到达四川三台。姜亮夫一面在东北大学上课，一面与夫人合作开始整理从欧洲随身带回的敦煌韵书照片资料，历时近三年。

　　这期间他们摹录、研究、撰写、编排完成了近代中古音韵研究的一大巨著——《瀛涯敦煌韵辑》。全书共四大册，24 卷。该书是我国第一部关于敦煌发现的唐代韵书的汇编，基本恢复了在我国已经湮没千余年的隋代音韵学家陆法言的《切韵》系统。

　　姜亮夫为了此书夜以继日地工作，仅眼睛近视就增加数百度，为躲避日机轰炸，每次把书稿带在身上钻防空洞，夫人笑他像抱个"儿子"！这时他们还没有孩子。

姜亮夫先生在四川三台时在东北大学宿舍前留影

姜亮夫夫妇在四川三台时留影

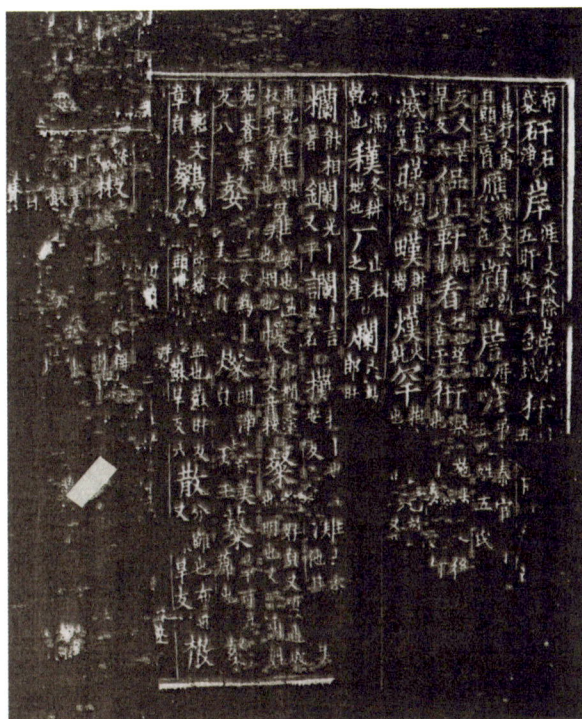

《切韵》刻本残页

姜亮夫从法国带回的敦煌韵书照片放大的原件

　　这54张照片是姜亮夫先生1935年在法国巴黎国民图书馆拍摄的，后来带回国内放大冲洗出来的照片。由于有70多年历史，照片颜色变黑，字迹不太清晰，但敦煌卷子当初的原貌依稀可辨。《瀛涯敦煌韵辑》就是用这种方法来核对原文，可见学术研究是一门十分严谨的工作。

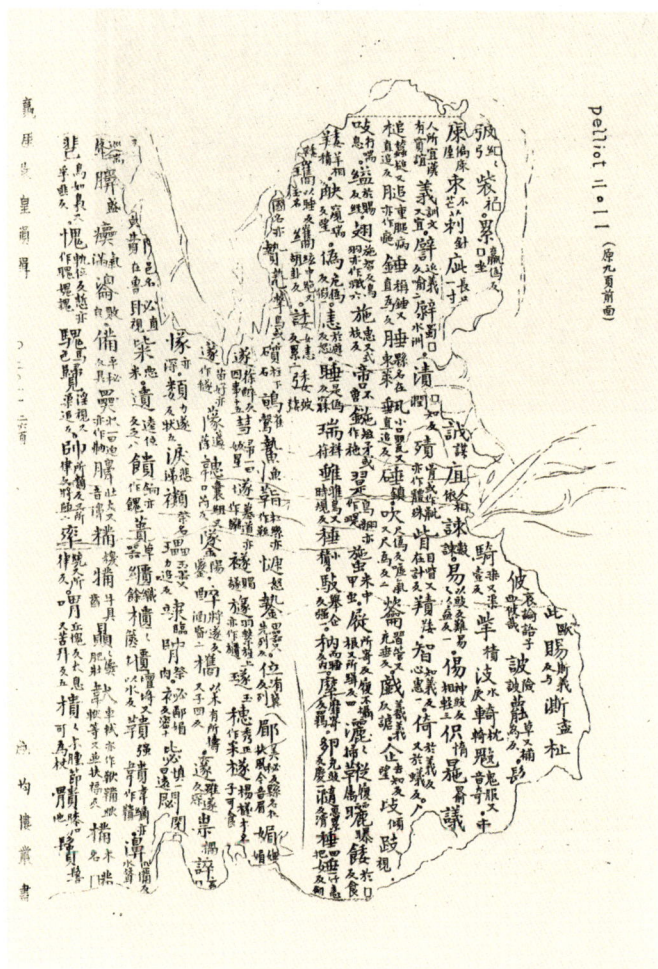

《瀛涯敦煌韵辑》摹写一页字谱(全书陶秋英一字一字校对,只要一字写错,整页重抄)

　　1935 年至 1937 年，姜亮夫赴法国巴黎大学攻读考古学博士。当他业余时间参观法国图书馆、博物馆、美术馆时，惊讶地发现我国许多珍贵文物都陈列在馆内。这激起姜先生的爱国之情，他决定编写《瀛外访古劫余录》，告诉国人不忘国耻。他努力地抄录、拍摄、拓印青铜铭器、石刻碑传，在此稿完成后邮寄国内，但这些珍贵资料不幸毁于日机轰炸。

　　在巴黎国民图书馆查阅资料时，姜亮夫遇到王重民先生和向达先生。他们是官费来巴黎收集敦煌文物资料的。宝物实在太多，于是姜亮夫先生全身心地加入抢救敦煌经卷的工作，对原件进行摹录，并把这些资料带回国。

　　姜先生在卢沟桥事变前一周回到国内。他深知这次带回的敦煌卷抄录、拍摄的资料有可能在国内是孤本，为此特别珍惜。为了躲避日寇的侵略，他和夫人陶秋英避难至四川三台。一边在内迁去的东北大学任教，一边整理敦煌卷。他反复在放大的照片上辨认，和自己的摹本校对，然后一字一字地摹写。在全部抄本整理好后再一次一次校对、考证、研究、编排，如此前后历时三年多，终于完成 24 卷敦煌韵书卷。直到 1955 年，上海出版公司终于把《瀛涯敦煌韵辑》影印出版。

　　这部著作基本恢复了湮没千余年的隋朝音韵学家陆法言《切韵系统》的面貌，对我国古汉语中古语音研究作出了重大贡献。

1955 年由上海出版公司出版的《瀛涯敦煌韵辑》及 1990 年浙江古籍出版的《瀛涯敦煌韵书卷子考释》二书书影

1940年10月，东北大学聘陶秋英为讲师。白天上课时要提防日机轰炸，又思念上海高堂，忧郁、苦闷时时袭上心头。有诗为证：

秋思 和校长暨晋生先生原韵 时客三台 重阳 与前首前后同时

极目云天不胜愁，满腔心事夕阳收。年年风雨斯时最，处处烽烟何日休。

叶落乍惊荒九径，月明更怕上层楼。劝君莫问江南讯，一片腥膻万里秋。

芦花瑟瑟晚风清，寂寞归鸦三两声。云树无心遮故里，江山特意筑愁城。

高堂原自悭离别，游子年来厌远征。恨少长房缩地术，天涯梦断夜潮生。

陶秋英为了弥补结婚不辞而行给父母带来的心灵上的创伤，更不敢忘父母养育之恩，含泪写信请父母宽恕。

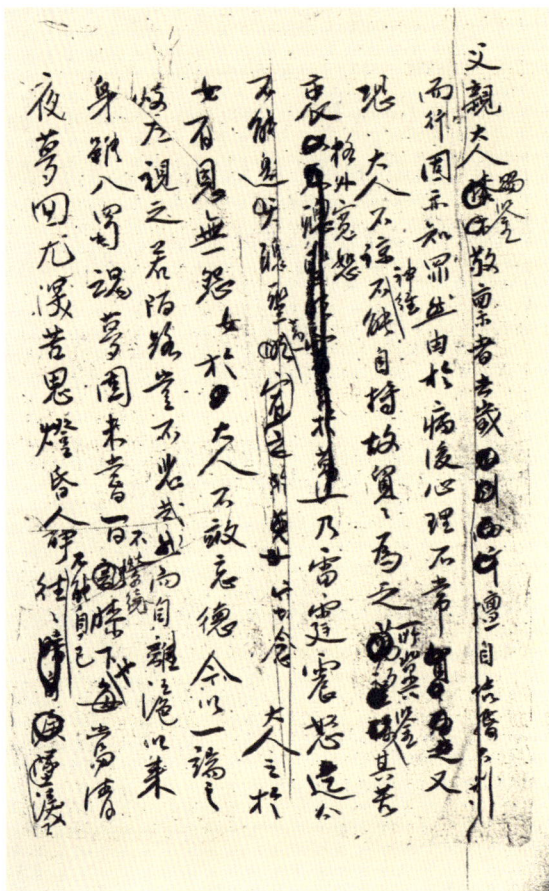

陶秋英在三台请父亲宽恕信的草稿手迹

滇池风云

　　1942年1月，姜亮夫在三台东北大学任教。忽接昭通弟来急电："父病危速归"，为此一人星夜南归，2月5日抵昭通，父已病故。安葬事毕，校方来电促归任教，为此姜先生转道昆明，想乘飞机至成都，然后至三台。姜到昆明后，由于云南著名人士李根源、周钟岳诸先生的挽留和举荐，姜亮夫决定留在昆明，为家乡的教育事业发展作点贡献。姜亮夫即任云南大学文法学院院长之职，并去信三台，要求夫人也来昆明。同年7月，姜亮夫与夫人同归昭通省亲，8月姜一人先返昆明，一面任教一面修订《昭通方言疏证》，夫人于11月返昆明。1943年2月至5月编撰《张华年谱》，稿粗就。由于多年讲授古文字学，经一月的修订整理，古文字学讲授稿成。1943年10月，《护国军纪实》整理完毕。

昆明市金(马)碧(鸡)牌坊(姜亮夫摄于1947年)

云南大学正门前台阶

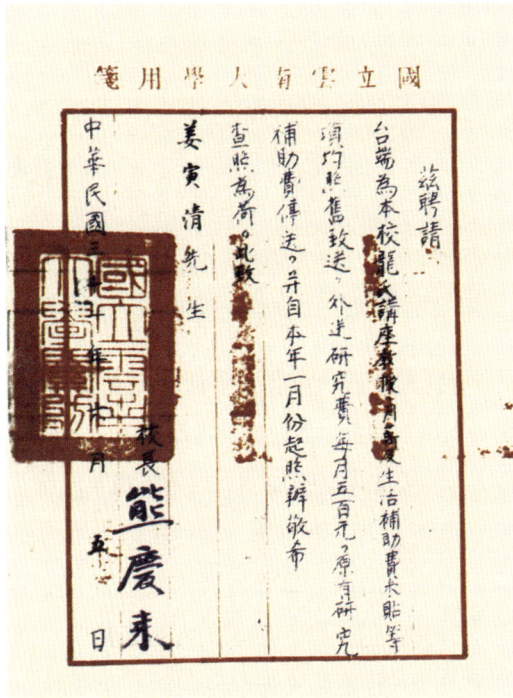

云南大学聘姜亮夫先生为龙氏讲座教授

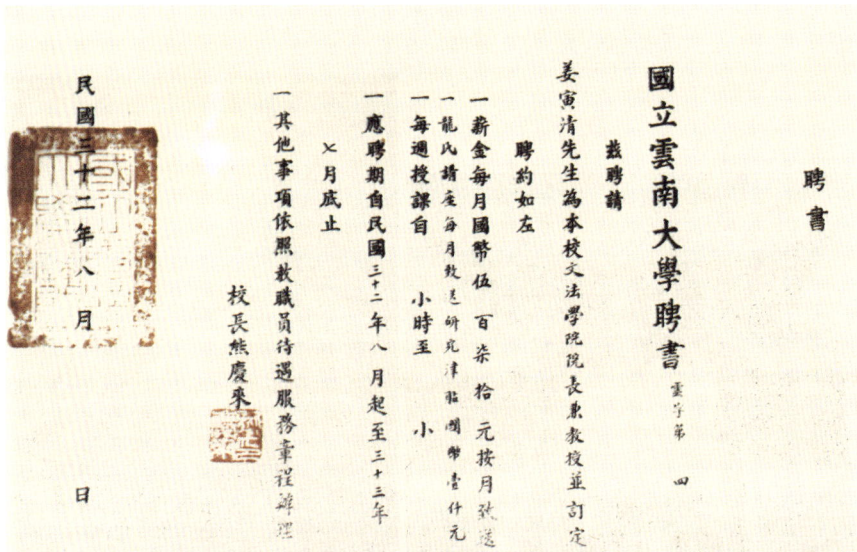

1943 年 8 月云南大学聘姜亮夫为教授兼文法学院院长聘书（1943.8—1944.7）

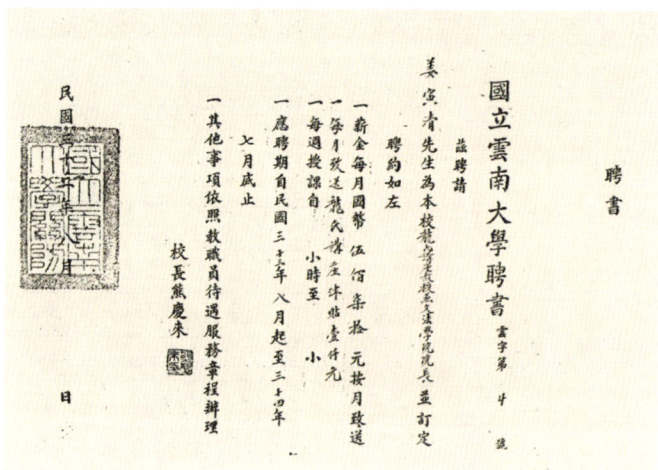

1944 年 8 月云南大学聘姜亮夫为龙氏讲座教授兼文法学院院长（1944.8—1945.7）

姜亮夫与云南大学经济系 1942 级全体师生合影（前排中坐为姜亮夫）

姜亮夫与云南大学经济系1945级全体师生留影（前排左四为姜亮夫）

1944年5月8日女儿姜昆武诞生于昆明，此照为女儿满六个月时全家留影

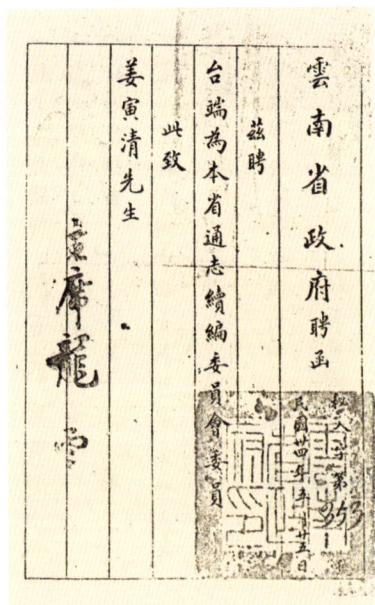

雲南省政府聘函

兹聘

台端為本省通志續編委員會委員

此致

姜寅清先生

主席 龍雲

1945年云南省政府主席龙云聘姜亮夫为云南省通志续编委员会委员

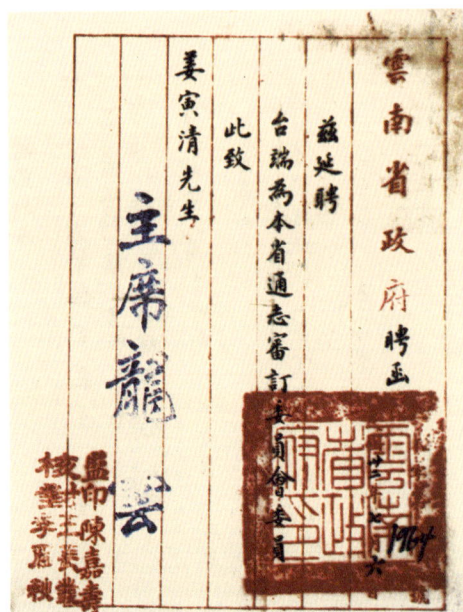

雲南省政府聘函

兹延聘

台端為本省通志審訂委員會委員

此致

姜寅清先生

主席 龍雲

云南省政府主席龙云延聘姜亮夫为云南省通志审订委员会委员

國立雲南大學聘書 雲字第53號

茲聘請

陶秋英先生為本校文史學系專任講師並訂定

聘約如左

一　薪金每月國幣叁百貳拾元按月致送

一　每月致送學術研究費壹百肆拾元

一　每週授課自九小時至十二小時

一　應聘期自民國三十四年八月起至三十五年七月底止

一　其他事項依照教職員待遇服務章程辦理

校長熊慶來

民國三十四年八月　日

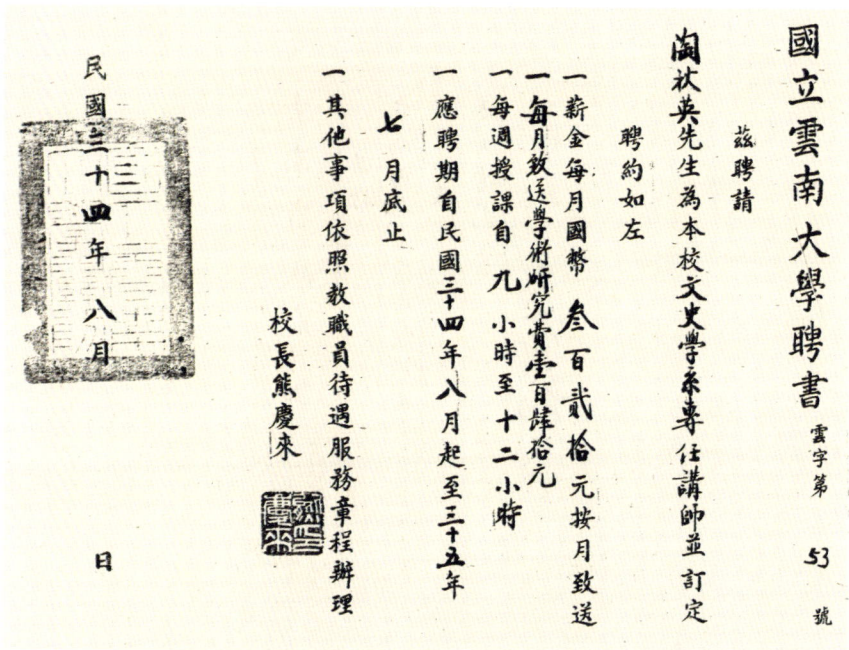

1945年8月云南大学聘请陶秋英为文史学系讲师聘书（1945.8—1946.7）

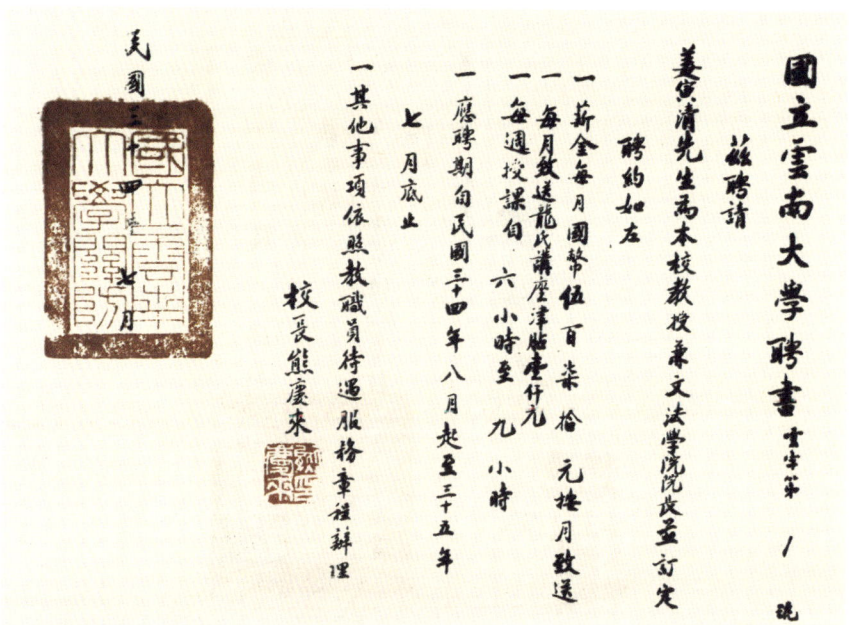

國立雲南大學聘書 雲字第1號

茲聘請

姜寅清先生為本校教授兼文法學院院長並訂定

聘約如左

一　薪金每月國幣伍百柒拾元按月致送

一　每月致送龍氏講座津貼壹仟元

一　每週授課自六小時至九小時

一　應聘期自民國三十四年八月起至三十五年七月底止

一　其他事項依照教職員待遇服務章程辦理

校長熊慶來

民國三十四年七月

1945年7月云南大学聘姜亮夫为教授兼文法学院院长（1945.8—1946.7）

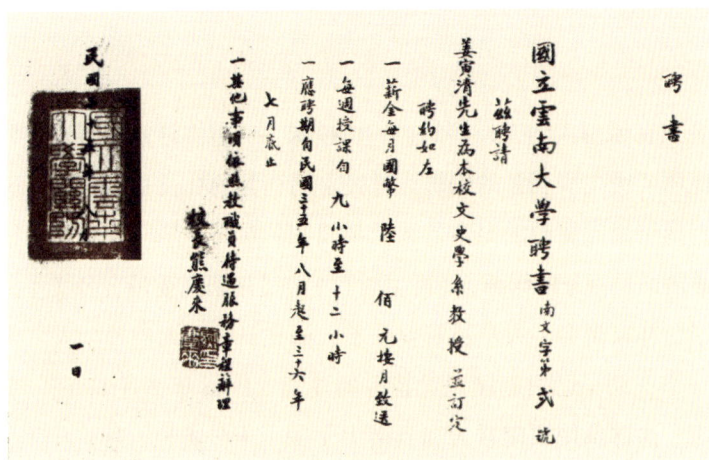

1946 年 8 月云南大学聘姜亮夫为文史学系教授

姜亮夫先生辞去东北大学教职后，和夫人一起到昆明，任云南大学教授及云南省通志编审工作。这期间他与徐悲鸿先生交往日深，两人经常谈论中国许多艺术品在法国博物馆的痛心事。姜先生晚年，曾有《悲鸿二三事》一文记叙当年的情谊，该文登载《姜亮夫全集》、《回忆录》卷中。

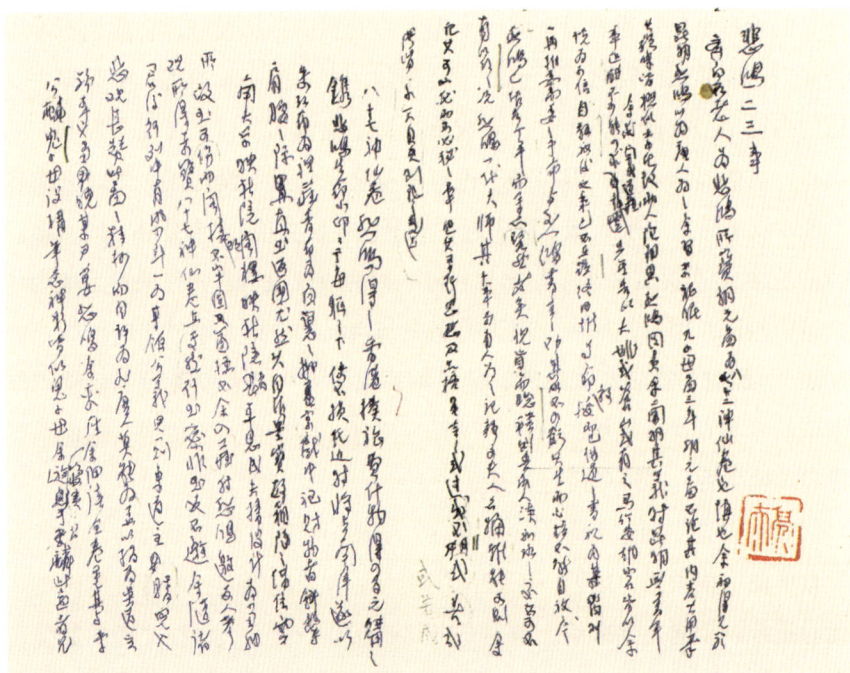

《悲鸿二三事》手稿

姜亮夫在云南大学工作期间，一边授课，一边修订整理旧著，另一方面兼任昆明《民主周刊》的编辑。《民主周刊》的社长是闻一多，这份杂志经常揭露国民党腐败的丑事。《民主周刊》对当时昆明社会影响很大，为了躲避国民党特务的纠缠，《民主周刊》成员用研究委员会名义作掩护，经常在李公朴家聚会，人员还有罗隆基、潘光旦、潘大逵等七人。实际上他们的一举一动早已引起国民党特务的注意，1946 年 7 月 11 日，李公朴先生被害。这件事使西南联大和云南大学师生十分震惊！为了声讨国民党杀害李公朴的罪行，大家决定 7 月 15 日在昆北园（昆明一所中学的破旧大房子）开一个声讨会，决定由三人主讲。第一位是闻一多，第二位是姜亮夫，第三位是某公。声讨会开前一小时，姜亮夫年仅两岁的女儿突然发高烧，病情看上去十分危险。姜亮夫无奈之下只得将女儿送至医院，经医生紧急治疗，女儿总算转危为安。当姜亮夫从医院回到家时，得知闻一多被暗杀！姜亮夫十分震怒，想去现场看一看，被学生们挡住。"这时出去正好撞到特务的枪口上！"当晚只有闻一多先生一人演讲！那天声讨会前如不发生姜亮夫送女儿去医院之事，也许他会和闻一多先生一起遇害！但姜亮夫又想想自己不是共产党，不是民盟成员，又是云南人，仅是《民主周刊》的编辑，虽然要留点神，但不至于也有杀身之祸！过了没几天，当时云南省主席卢汉突然派人来通知姜亮夫赶快离开昆明，并说："李公朴、闻一多后面就是你！"姜亮夫惊呆了！想想自己这时和卢汉没有直接往来过，他为什么暗中报信？因为是同乡？因为姜亮夫与卢汉的妻弟龙雨昌小时候就是好友？……那时不容姜亮夫思考，他立刻回家带着夫人和女儿及书稿乘卢汉派来的专车直奔飞机场，估计卢汉打过招呼，汽车直达飞机旁，他们乘飞机逃离昆明后，再转车到达上海。

姜亮夫先生到达上海后，被复旦大学聘为中国文学系教授。但复旦大学教员住房很紧张，他们一家三口住在六平方米的屋内，生活极度困难。此时正好顾颉刚先生来信，邀姜亮夫到浙江金华英士大学任文理学院院长之职，姜与夫人商量后决定赴金华任教。

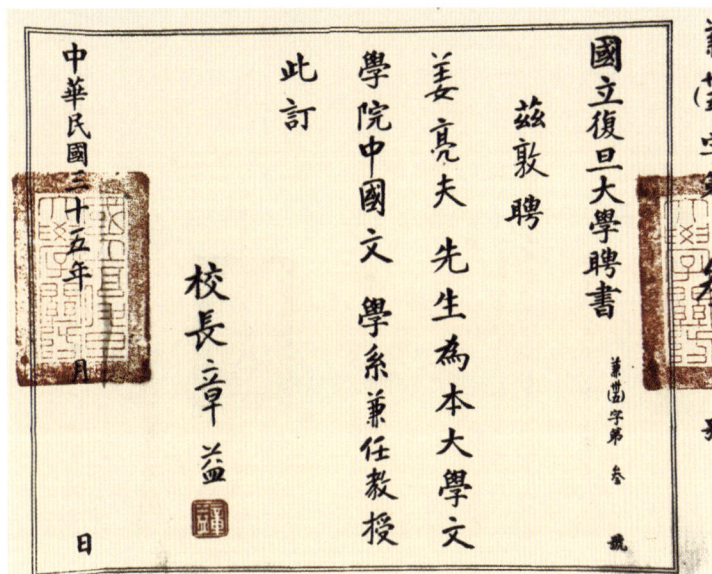

1946年复旦大学聘姜亮夫为中国文学系教授之聘书

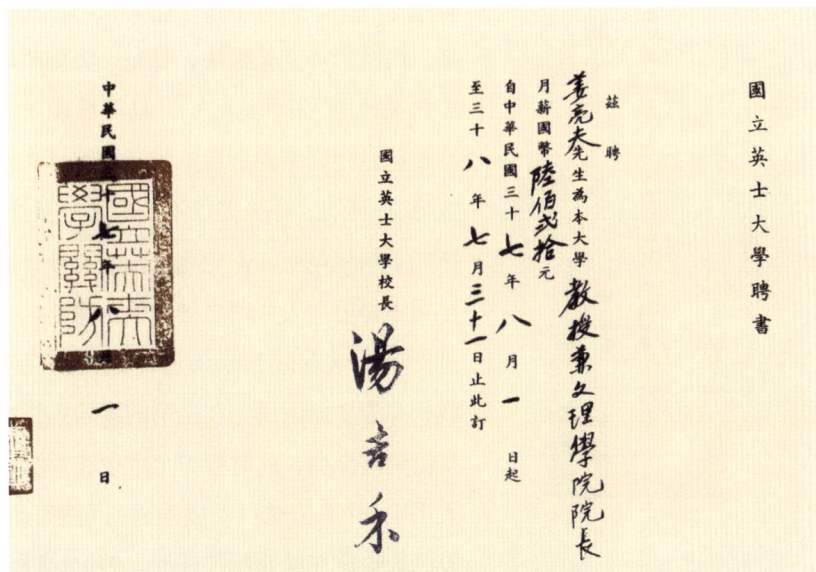

英士大学聘姜亮夫为文理学院院长聘书

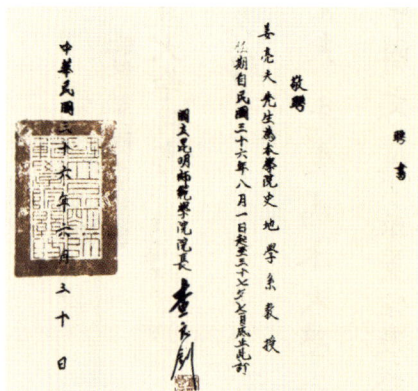

昆明师院聘书之一（1947.8—1948.7）

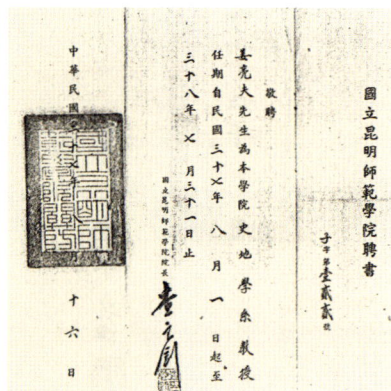

昆明师院聘书之二（1948.8—1949.7）

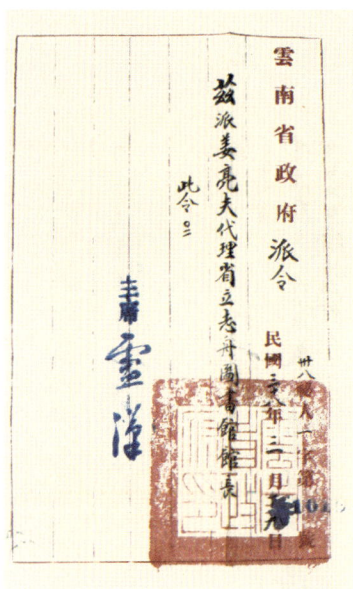

卢汉派令姜亮夫为云南省立志
舟图书馆代理馆长公文

英士大学派系斗争极为复杂，姜亮夫吸取教训，闲事不管，埋头教书达一年半。内战形势变化很快，姜亮夫忽接昭通姜母来电："病重速归"，只得辞职携妻女转赴昆明回昭通。在昆明又接姜母来电"母病好转"。原来姜母不放心儿子在外，把儿子叫到昆明，避免战乱发生意外。但昆明不是姜亮夫久留之处，他正想离昆，昆明师范学院院长来访邀请他在师院任教，并告知原国民党在昆明的绥靖主任霍某已调离昆明，此时权力全集中在卢汉一人手中。个人安全已不成问题，既然如此，姜亮夫决定在昆明师院任教。1949年3月，卢汉突然派令姜亮夫为云南省立志舟图书馆代理馆长。

  1949年4月23日，姜亮夫在昆明师院教课还不到两年，突然卢汉来电，要姜亮夫第二天上午十时去卢府面谈要事！姜亮夫十分恐惧，因为卢汉此前在中央银行门口一连下令杀了几个"罪犯"，这期间正是卢汉发怒杀人的风头上。而昆明这时又是最乱的时刻，学生罢课，教师罢教，各种传言四起，社会动荡不安！这时见卢汉准没好事！但想到卢汉过去曾派人暗中救过他们的命，姜亮夫只得赴约。谁知卢汉要姜亮夫做教育厅厅长，姜亮夫极力推辞说自己"只会教书，不会干行政工作"。卢汉不依，姜亮夫要求"和妻子商量后再定，明天答复"。谁知当天下午卢汉就把此事公布出去了。第二天一早，报上登出新闻"姜亮夫就任教育厅厅长"。这天正是解放军渡过长江进驻南京的第二天，蒋介石妄图以西南作为最后的据点，和共产党较量。

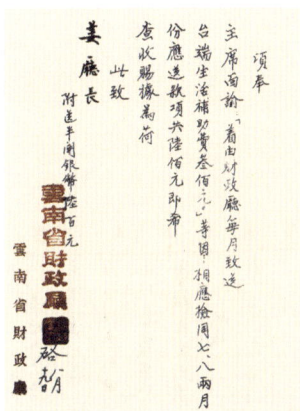

云南省财政厅奉卢汉指示送给姜亮夫生活补助费

姜亮夫任云南省教育厅厅长时全家留影

姜亮夫无可奈何"上任"就职。过了三个月，姜亮夫托人说情要求辞职，卢汉不许。姜亮夫打辞职报告，卢汉不理。

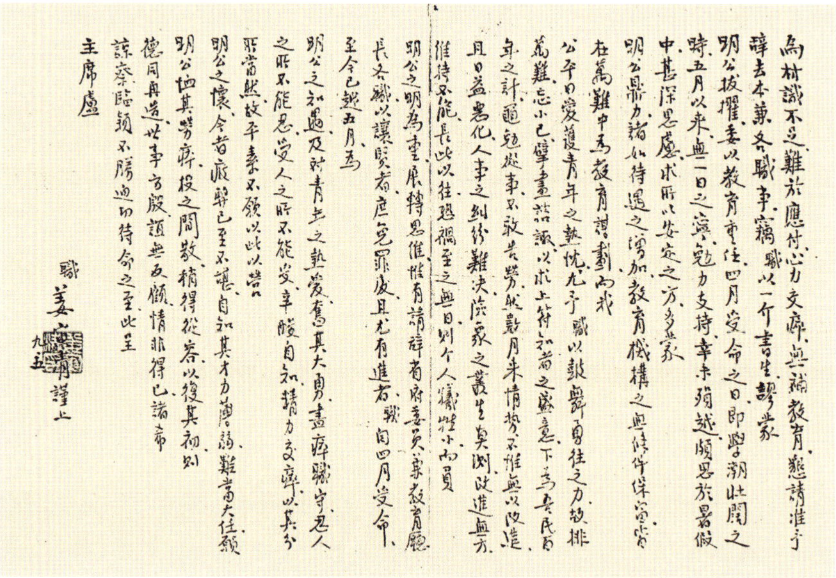

姜亮夫辞职报告底稿留影

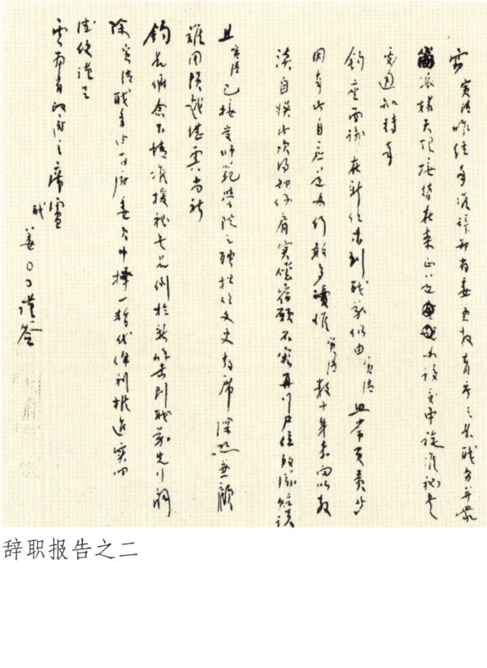

辞职报告之二

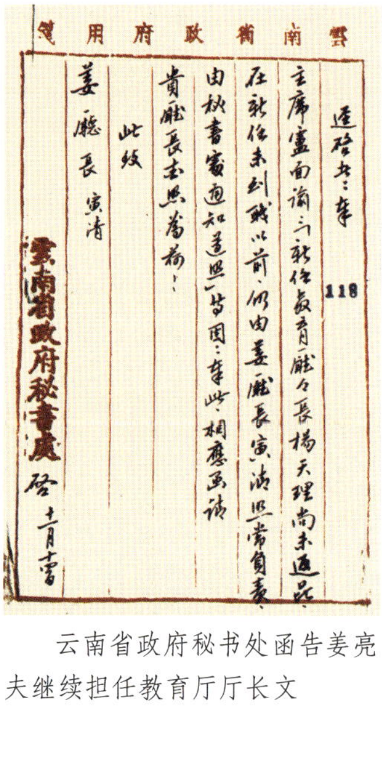

云南省政府秘书处函告姜亮
夫继续担任教育厅厅长文

卢汉对姜亮夫的辞职报告非但不理，而且于 1949 年 11 月 24 日亲笔下文："在新校长未到校交接以前，整委会代管校务，即由姜委员以代行名义全权处置。"这样云南大学本由中央管辖暂而变成云南省代管。

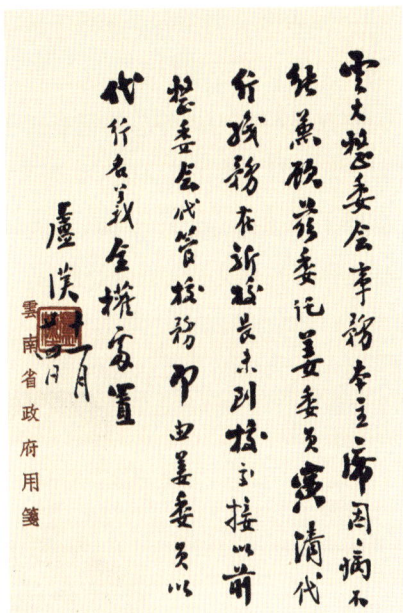

卢汉授权姜亮夫代管云南大学函

同时，云南大学整理委员会聘任陶秋英为云南大学文史系教授。

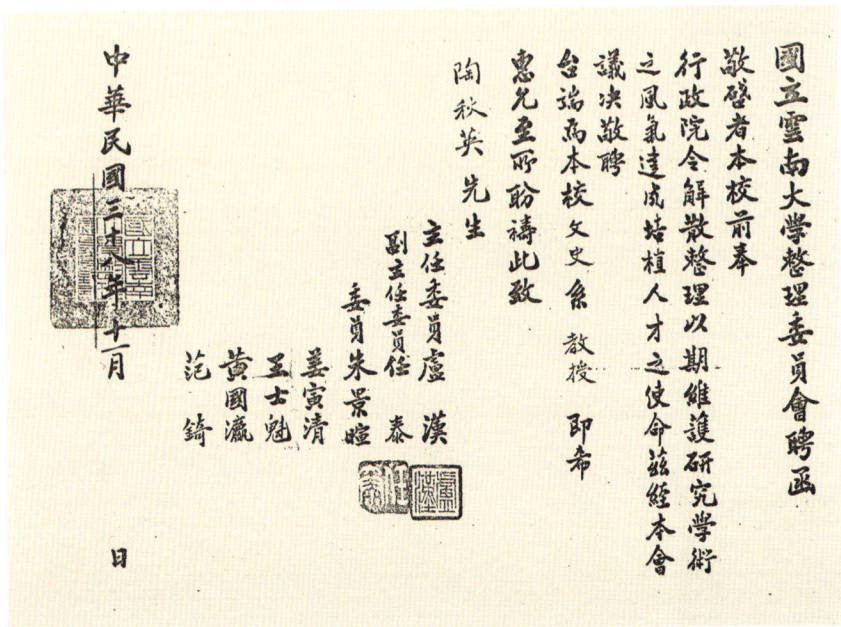

云南大学整理委员会聘任陶秋英为文史系教授函

1949 年 4 月下旬，解放军渡过长江以后，势如破竹，国民党兵败如山倒。但蒋介石还想控制云南作最后的顽抗，派兵调将十余万人包围昆明。而卢汉昆明兵力内外总共只有六千人，兵力悬殊，形势十分危急。12 月 9 日，蒋介石急派张群飞昆明，想直接控制卢汉。卢汉趁招待张群酒会之时，立即下令逮捕蒋介石的军政要人并通电全国云南起义，起义成功，姜亮夫任军事管制委员会文教处处长。

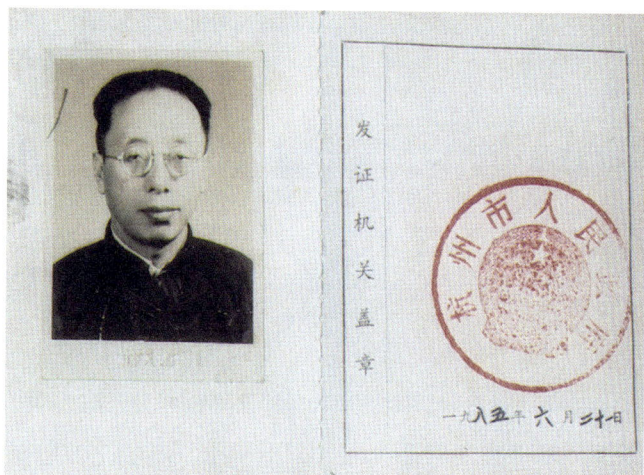

南京军区司令部 1985 年补发给姜亮夫的起义证书

中国人民解放军昆明市军事管制委员会发给姜亮夫的"胸证"

蒋介石不甘心失败，立即派飞机轰炸昆明，其中一颗炸弹穿过省政府办公大楼屋顶，落在姜亮夫办公室楼上的藤椅上，幸好没有爆炸。欢迎解放军的工作一结束，云南省军政委员会宣告成立，动荡的社会秩序开始稳定。

1950年3月，姜亮夫忽接昆明师院通知为"编外人员"，并通知去昆明西山革命大学"高级研究班"学习。在"革大"期间，开始读点马列主义的书，也读艾思奇的《中国社会发展史》，通过不断地思想改造，对共产党的政策开始有了新的认识。

1951年5月，姜亮夫"革大"毕业了。云大三人、昆师院二人回到昆明，结果没有单位收留，当时经济形势困难。姜亮夫就打电报给马叙伦先生，过去姜和马先生见过几面。马先生知道姜亮夫是章太炎的弟子，为此马先生立即打电报给西南军政府。不久，接到省教育厅通知，要姜亮夫去云南省博物馆筹备委员会工作。一到博物馆，天天学习、开会，而这次学习的领导人批评姜亮夫说："王国维、章太炎的弟子是最后为封建主义扛大旗的人，非打倒不可！"姜亮夫辩道："王国维暂且不说，说章太炎是封建主义者恐怕不大对！"直到另有一位学员说"鲁迅先生说章太炎先生一生是革命的"，辩论暂告平息。但会上主持人说"非打倒你不可"，使姜亮夫十分警惕。回家后姜亮夫和夫人陶秋英商量决定把过去写的稿子烧掉，尤其是把《近百年学术史》、《四先生合谱》及其他论文稿丢进炉子，当《瀛涯敦煌韵辑》一稿送到炉门口时，陶秋英连忙阻止说："这稿子没有思想问题"，不让烧。最后只剩下两三部稿子，其他大部分都毁于这次炉火！第二天果然来了一批人把姜亮夫的考古书、稿子及读书摘记卡片统统带去审查。审查好几个月，由于没有直接证据，终于逃过一劫！

博物馆交给姜亮夫的第一项任务是修圆通寺。这是一座元末明初建的大庙，在昆明市中心，是供东南亚、南亚民族佛教信徒到云南来朝拜地藏王菩萨的场所。庙的大梁要加固，庙内数百年的鸟粪要清除，断手断足的菩萨塑像要补全，彩画要补画……这一切对姜亮夫来说全是陌生的工作。

他就查资料，请教画匠工匠，中国颜料色彩不全，他就用德国相近颜色的油漆代替，最后终于完成这一项工作，当时轰动昆明，轰动云南。

大庙是修好了，但"非打倒你不可"的话使姜亮夫不敢掉以轻心！云南不是久留之地！姜亮夫和夫人暗中商量对策，决定让夫人陶秋英和女儿先离开云南到上海，创造条件，最后姜亮夫再离开云南。

1952年年底，陶秋英返沪。在顾颉刚先生介绍下，陶秋英到三联书店帮助编书，维持生活。昆明博物馆筹备处分配给姜亮夫的第二项工作是养豹。姜亮夫一生连鸡都未养过，如今要养会吃人的金钱豹！而且豹不是关在铁笼里，而是用铁链锁住养。每次喂食，姜亮夫吓得手足发软！有一次不小心被豹子在腿上咬了一口，幸好伤口较浅，经治疗终于脱险。养豹的日子度日如年，体力和精神的双重折磨终于使他病倒了，他被送进昆华医院。

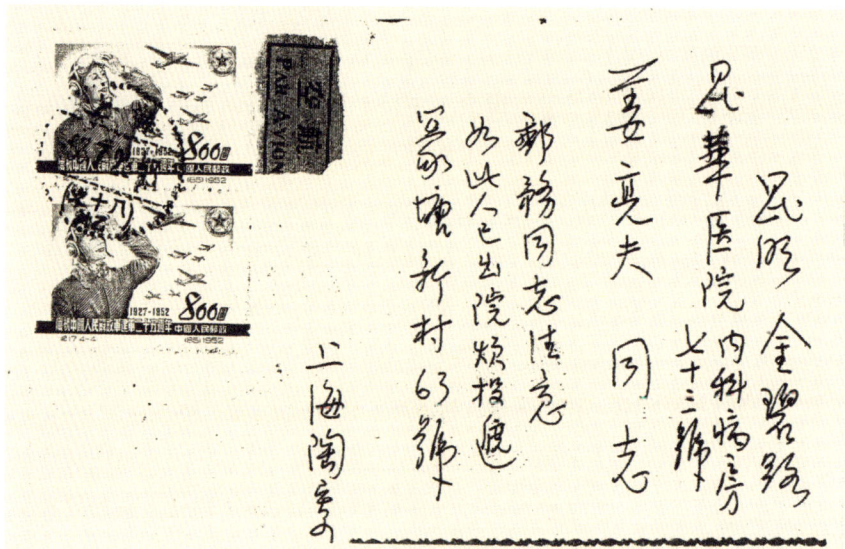

姜亮夫先生住院期间，夫人陶秋英在上海寄到医院的信

在姜亮夫生病期间陶秋英在上海，厦门大学王亚南校长亲自来沪聘陶秋英为教授，陶母不允，母女一别14年，如今再也不放秋英远行，去厦门大学事只得作罢。此时姜亮夫在昆明住院期间提出辞职未允。

陶秋英去厦大未成，就到杭州接洽。结果浙江师范学院同意聘请陶秋英，同时要求姜亮夫一同来浙江师范学院任古汉语研究生课。

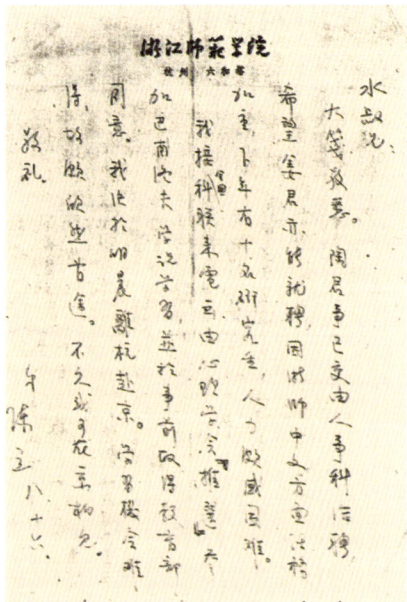

浙江师范学院校长陈立给校教务人事部门的信

但云南省政府如不同意姜亮夫走，姜亮夫是走不了的，因为那时坐飞机要省政府批准，坐火车要公安部门批准才能买票。姜亮夫被困在云南，无计可施！正巧，民盟中央委员潘大逵来到昆明，他是代表北京来看看云南的统一战线工作情况及听听民主党派的意见。当他去看姜亮夫时，听到姜亮夫养豹的处境，立即与云南省委及省长交涉，指出这不符合中央精神。省长怕潘大逵把此事反映到中央，勉强同意姜亮夫离开云南，写了一张便条交给潘大逵。为怕夜长梦多，姜亮夫一拿到此条立即去公安局办证明，并买好飞机票，带着书稿和衣服当天离家住到机场附近的朋友家。第二天飞抵南宁机场，然后乘火车到杭州，那时是1953年底。姜亮夫的体重原是142斤，经过那场大病体重只有94斤。

西湖春晓

　　杭州，我国东南文物之邦，也是人文荟粹之地，更是中国历代传统文化积淀深厚之处。在这块风水宝地上，姜先生整整度过 43 年，直到他走完人生最后之路，这里是他名副其实的第二故乡！

　　1953 年底，姜亮夫举家迁居于杭州秦望山麓，住所面对钱塘江，风景秀丽，空气清新，环境幽静，他一面静养沉疴，一面教书育人，著书立说。他的前半生是在战乱动荡中度过，直到定居杭州，他才真正安下心来从事自己心爱的事业。

姜亮夫全家在秦望山住所门前留影

浙师院交给姜先生的第一个任务是教八名古汉语研究生，一人开设五门课，每周达 12 课时以上。工作虽然很辛苦，但没有任何干扰，心情很舒畅。有时旧病复发，但尚能坚持教学，直到学生毕业。

姜亮夫（后排中立者）和首届古汉语研究生合影

姜亮夫先生扎实的国学根底、科学的研究方法、严谨的治学态度是他事业有成的主因，浙江师范学院浓郁的学术气氛、平静优雅的生活环境，使他得以潜心从事学术研究，沪、杭两地的国家图书馆丰富的藏书为他的学术研究提供了便利。他从法国带回的敦煌宝藏《瀛涯敦煌韵辑》资料，在抗日战争期间和夫人陶秋英在四川三台花近三年时间整理的 59 万字的书稿，终于由上海出版公司出版了。

同时姜先生利用教研究生课的两个假期开始分批整理有关敦煌的材料，编写成《敦煌——伟大的文化宝藏》一书，他用通俗的语言文字全面介绍敦煌的史地概况，莫高窟的形制，敦煌的造型艺术——塑像、壁画、绢幡的艺术性质，佛、道、儒家的经典及敦煌的语言文字等，是我国第一部全面阐述敦煌学的著作。

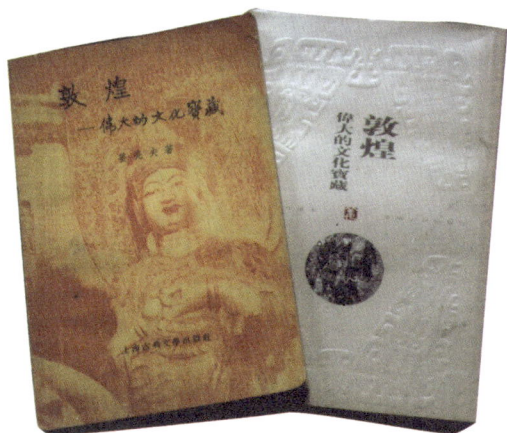

《敦煌—伟大的文化宝藏》书影

姜亮夫先生专心写作时的情景

　　姜亮夫夫妇两人来到浙师院后，夫人陶秋英也在中文系任教。由于姜亮夫先生在云南健康受到极大的伤害，旧病时时复发，尤其是痔疮竟使他坐立不安，但他坚持教学，也兼教大学部学生课，教了一年，学校从钱塘江边秦望山（现为浙江大学之江校区）搬到市区体育场路校舍。由于姜亮夫体质日益下降，备课、讲课、板书的辛劳使他体力不支。夫人陶秋英决定向学校请假一年，帮助备课，讲课还是姜先生讲，板书、列提纲工作均由夫人书写。这样夫妇配合默契，姜先生负担确实大为减轻，健康慢慢地恢复，一年下来，效果很好。第二年夫人再向学校请假一年，经批准继续夫妇合作上课。后来她干脆辞职专心照顾姜先生身体，同时帮助他整理旧稿，《陈本礼离骚精义原稿留真》一书是最好的见证。

姜亮夫与陶秋英合影

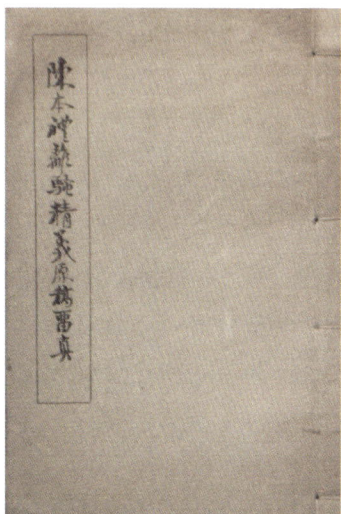

此书是陈氏花了40年时间研究楚辞的名著之一。原稿经过三次以上大的修改，再加上岁月悠久，原稿破损程度较深。为了弥补原稿缺憾，夫妇两人共同探讨，仔细辨认，写成"综合校记"、"原本第三稿绎读"及"长跋"附印书后，还原该书真面目。

《陈本礼离骚精义原稿留真》1956年上海出版公司影印线装本书影

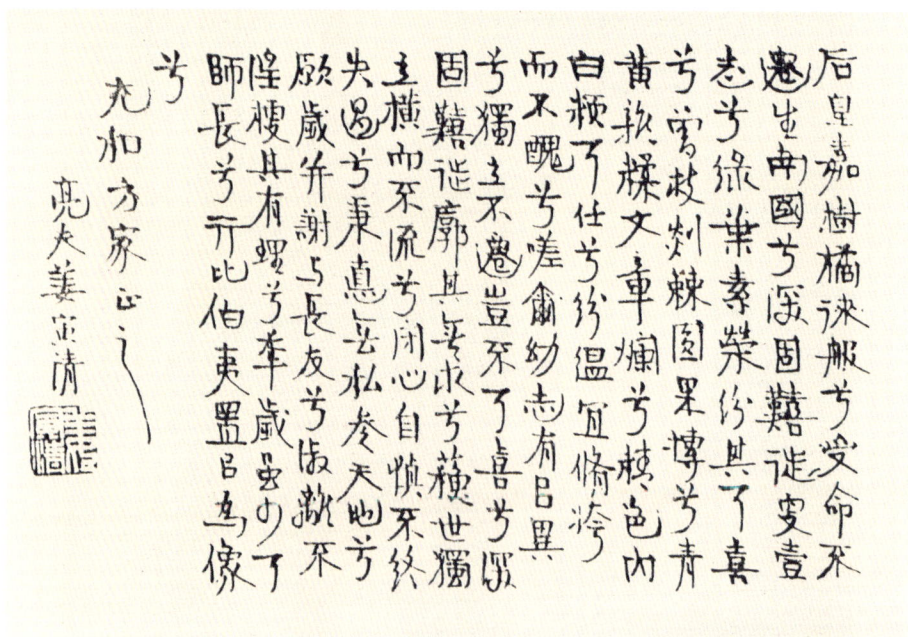

姜亮夫先生赠充和女士《橘颂》字

（张充和：苏州教育家张武龄之四女，沈从文之妻妹，著名才女，德裔美籍汉学家傅汉思之妻。）

　　1956 年，学校领导决定姜亮夫先生任中文系系主任之职。行政事务工作增多，但学术研究从未停止。当时最使他不能忘怀的是《屈原赋校注》，这是怀念恩师王国维先生的专著，1932 年初稿已成。经过 20 多年的补充，反复修订，终于在 1957 年由人民文学出版社出版了。

姜亮夫先生专心著书的情景

《屈原赋校注》书影之一

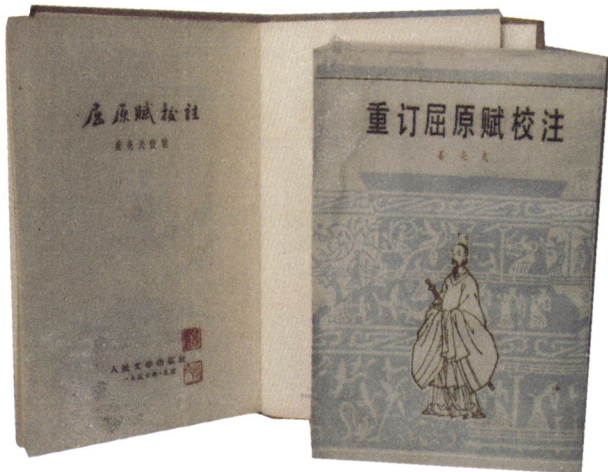

《屈原赋校注》书影之二

该书以明翻宋本、明本的章句，补注等十二三种"全以诸书所引，细为校勘"，再引《史记》、《文选》、慧琳《音义》、《太平御览》等书考证史实，从文字、音韵、训诂、章句、大义、版本校勘等方面校理注释、串释，旨在整理作者作品近真的面貌，此书按语详博，时出新论，为近代有影响的屈赋注本之一。

王国维先生

在姜亮夫遗稿中，发现一张 1957 年天津人民出版社《历史教学》编辑部给姜亮夫的稿费结算单，全稿共 14300 字，千字稿酬 14 元（相等于当时大学助教月工资的四分之一），总计 200.20 元，按当时的物价水平看，学术著作稿费是相当高的。

1957 年时天津人民出版社稿酬单

1957年，浙江师范学院搬迁至松木场新校址。姜亮夫先生住进三室一厅宽敞的新居，卫生设备齐全，门前有花园，房屋结构合理。

姜亮夫与陶秋英在新居前留影

全家陪姜亮夫的岳母游西湖留影（在杭40余年姜先生游湖不到十次）

姜亮夫在新书房内静思（墙上挂的楹联为徐悲鸿先生所赠）

姜亮夫在新居内作画赠友（1961 年）

搬进新居后，姜先生开始大量购置图书。仅楚辞类的历代主要书籍，基本齐全。自汉以后，文人集子中与楚辞有关的论述，哪怕是只言片语也绝不漏抄。而文物、博物、图考也备有绘录，他在心中酝酿着一批更宏大的科研项目，《楚辞通故》是其中之一。资料积累等于作战的"粮草先行"，这是他做任何课题的前奏曲！

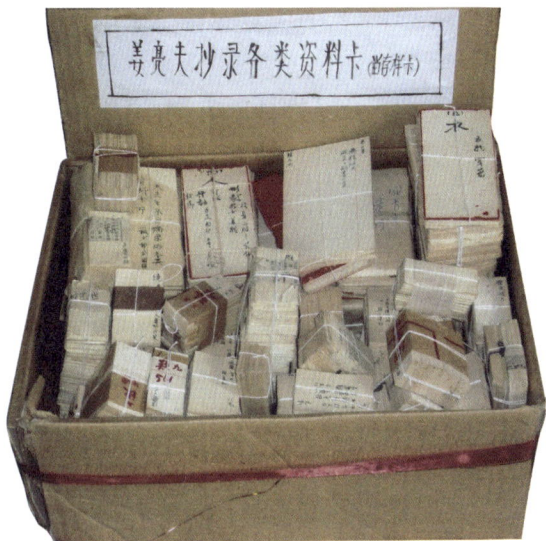

姜先生著书的资料卡片（留存的样品）

姜先生印描、临摹的吴继仕七经图中《周礼》文物图中之厌翟车制图

姜先生新居添置的二十四史书柜

姜先生新居添置的线装书书橱

反右派、大跃进、反右倾等运动结束后，他开始真正意义上关注中文系的工作。深入调查发现学生不会自学，自己不会做学问。那时系里有个指导思想，师范学院学生大部分做中学老师，因此只要把中学语文教材合成"古典文学"、"现代文学"、"语言文字"三大类，然后编写好中学语文教材参考资料，学生一毕业，拿着参考资料就可上讲台。针对这情况，姜先生提倡学生要多读书、苦读书、会读书，这样毕业后才能独立工作，才能举一反三。姜先生建议学校要造图书馆，当务之急是建系资料室，再建议对学生和青年教师开设"工具书使用法"课，使学生和青年教师自己进入知识的海洋，自由选择，自由深造，同时姜先生把更多精力集中到学术研究中。1957年《张华年谱》、《陆平原年谱》由古典文学出版社出版。1961年《楚辞书目五种》由中华书局出版，这是他自1929年撰写《屈原赋校注》时，同时收集自西汉刘安、刘向以来二千多年间有关楚辞辑集、注释、考订、评议、辨证、图绘、绍述屈宋古辞成就的一部专题目录学著作。

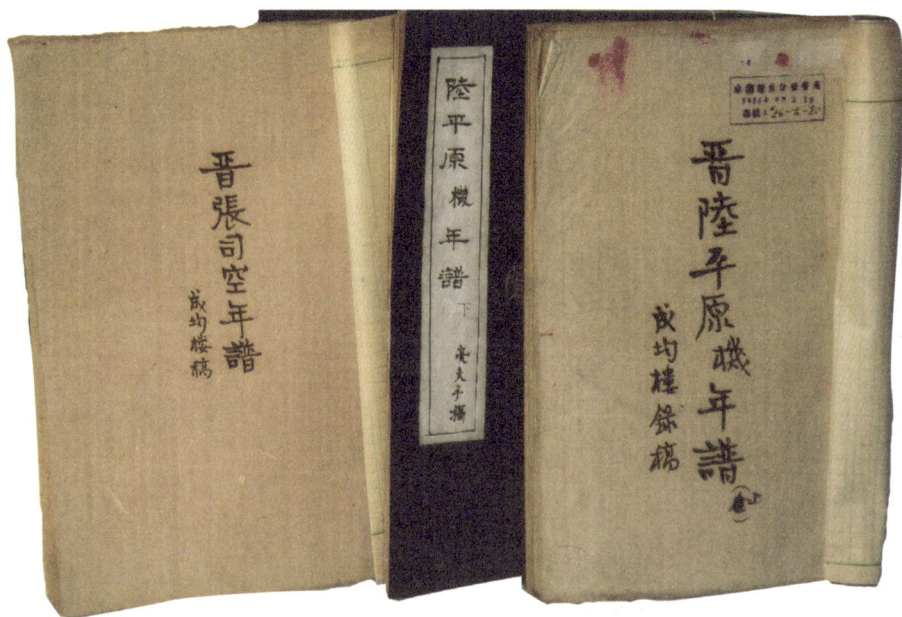

《陆机年谱》、《张华年谱》1957年由古典文学出版社出版

《楚辞书目五种》（1961
年由中华书局出版）

1964年正当女儿姜昆武20岁生日时，姜亮夫先生挥笔用篆体书写"陆机妙解篆文赋，卫铄融通造隶诗"句，以寄厚望。

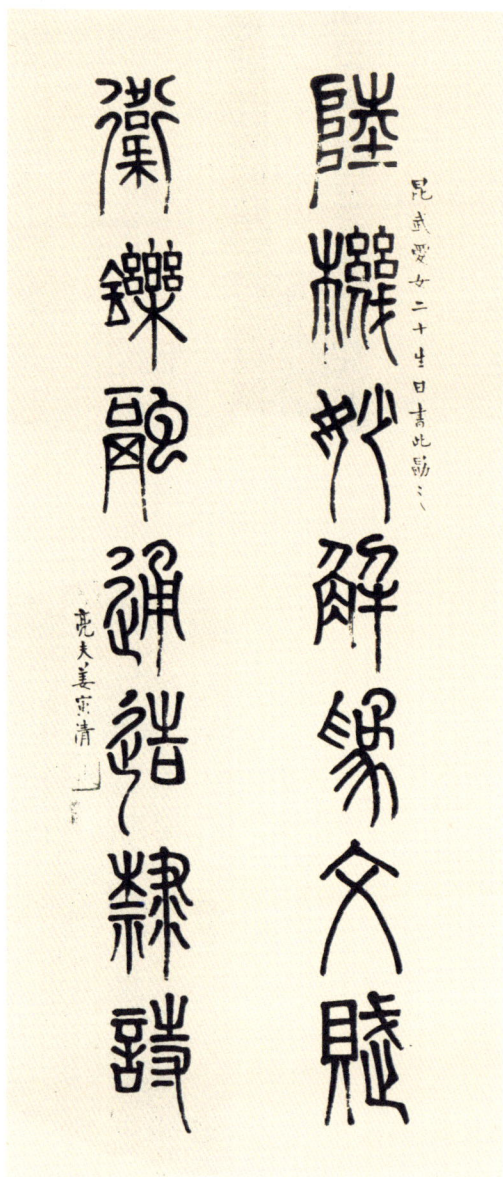

陶秋英自从离开浙师院讲台后，一心一意照顾姜先生的身体，帮助整理先生的旧稿。但同时她在编选《历代文论选》，前后花了七八年的时间，文稿才基本完成。由于"文革"时期的干扰，此书直到1984年才由人民文学出版社出版，《宋金元文论选》1999年重印。

陶秋英55岁时留影

陶秋英1965年像

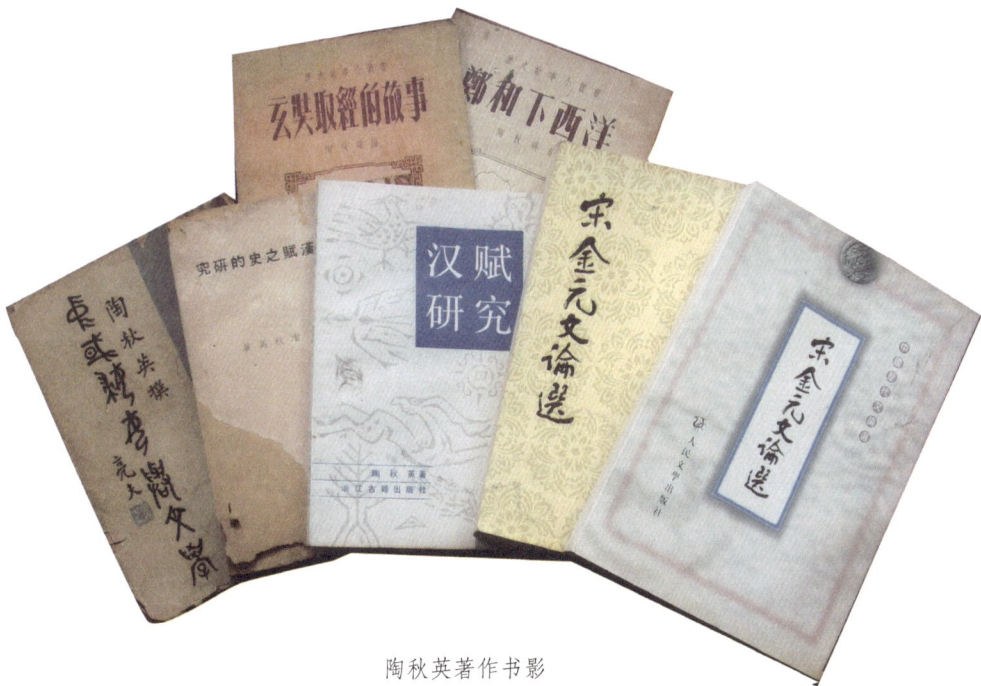
陶秋英著作书影

《宋金元文论选》是由陶秋英广泛涉猎并搜检了宋、金、元三代作家的群籍，从中辑录出大量有关文学理论资料，然后加以遴选、平衡、淘汰辑成的。它在一定程度上反映这一时期文论发展的主要轮廓，是文艺理论批评研究者重要的参考资料。

这时教育部希望姜先生编写大学用的教科书《古汉语》，姜先生全部精力投入此书编写工作，初稿十大册，一气呵成！但姜先生反复修改后总觉不满，迟迟未交稿。如今在遗稿的第一页上看到姜先生批语："此稿惟文字之部可存，当以油印本为主，约加修改可也。语音部分无所发明，但如为初学作引导，但不可印行，应作油印本为主。词汇部分写时太匆促，未尽所怀，将来拟重修。语法部分毫无用处，当废弃！亮夫。五九年五月"。姜先生对待作品认真、负责，真正做到"修辞立诚"。

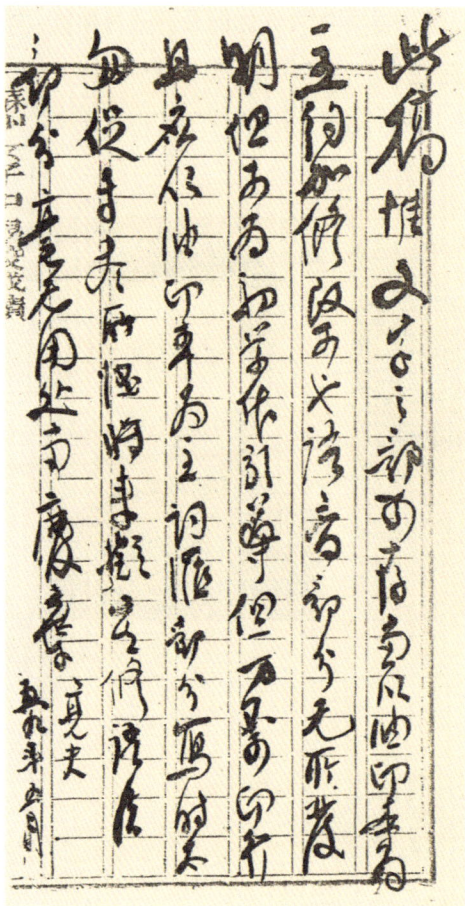

《古汉语》稿前姜亮夫的批语

姜亮夫《古汉语》稿十册书影

　　为了便于姜亮夫先生讲课，夫人陶秋英也编写《古汉语讲授提纲》二册，此书亦未印行，姜先生在此稿前批示："此稿因系秋英为预备稿，故暂存，以报其苦心。六六年五月"。今存遗稿，可知夫妇两人为了我国的教育事业尽责尽力，精神可嘉。

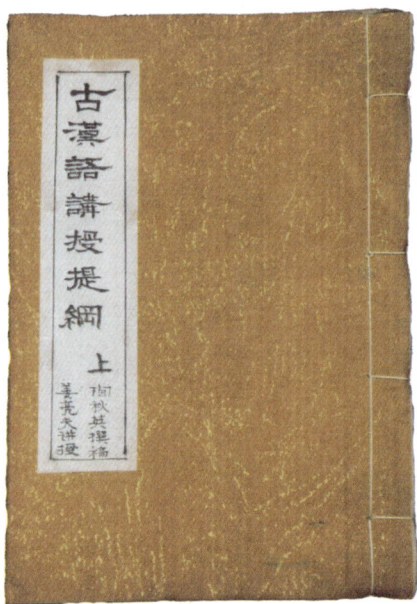

陶秋英《古汉语讲授提纲》稿影　　　　　　《古汉语讲授提纲》稿前姜亮夫批语

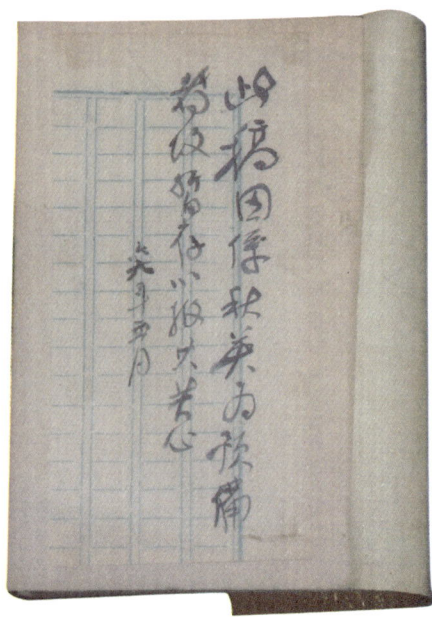

　　根据《古汉语》教材文字部分编写的《古文字学》直到1984年由浙江人民出版社出版，1999年云南人民出版社重印，老人家的遗愿才终于实现！1984年浙江人民出版社出版《古文字学》时，还没有电脑激光排版技术，还是刻出铅字排版，但文中许多甲骨文没有现成的铅字，要刻字师傅临时刻制。这对印刷厂来说是极其复杂的工序。但出版社还是尽力克服困难，把甲骨文铸成了铅字。工人排版时又遇到了困难，为此姜昆武赴印刷厂，一个字一个字按要求排列。书籍出版后，印刷厂把甲骨文铅字交给姜先生保存，如若再版可再用，否则留作纪念。后来因未再版，这批铅字也就保存在家中了。今天的学子看到这些铅字，可以了解一部专著的诞生不仅有作者的辛劳，还有默默无声的出版社编辑和印刷工人的一份功劳。看来这版《古文字学》已成绝版书了。

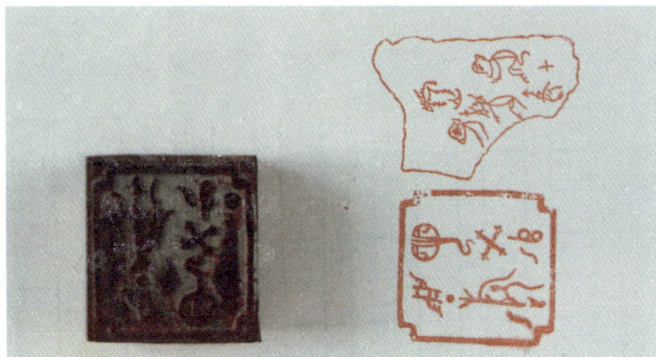

甲骨文铅字模之一

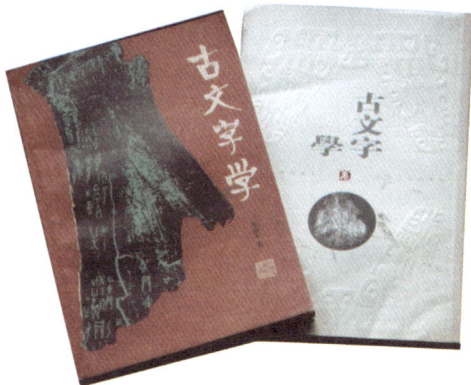

1984年，姜亮夫先生《古文字学》由浙江人民出版社出版。
1999年，云南人民出版社再版

在姜亮夫先生的遗稿中，还有一件特殊的布袋，打开来像讲义夹。夹的两片内页上布满一个个小纸袋，袋中分类插有一张张金文的印摹字。每张一字，有些字旁有考证的短文。这是姜亮夫先生平时在阅读《考古》、《文物》及重要书刊登载的金文图像资料。他把这些图像描印下来，然后分类插入相应的小纸袋中，日积月累，金文资料就是这样慢慢收集起来的。夹中共有600多张（字），从图形的变化来考证汉字演变规律，先生的《"中"字形体及其语音衍变之研究》一文就是这样产生的。姜亮夫先生的这种科研方法和精神值得学习。

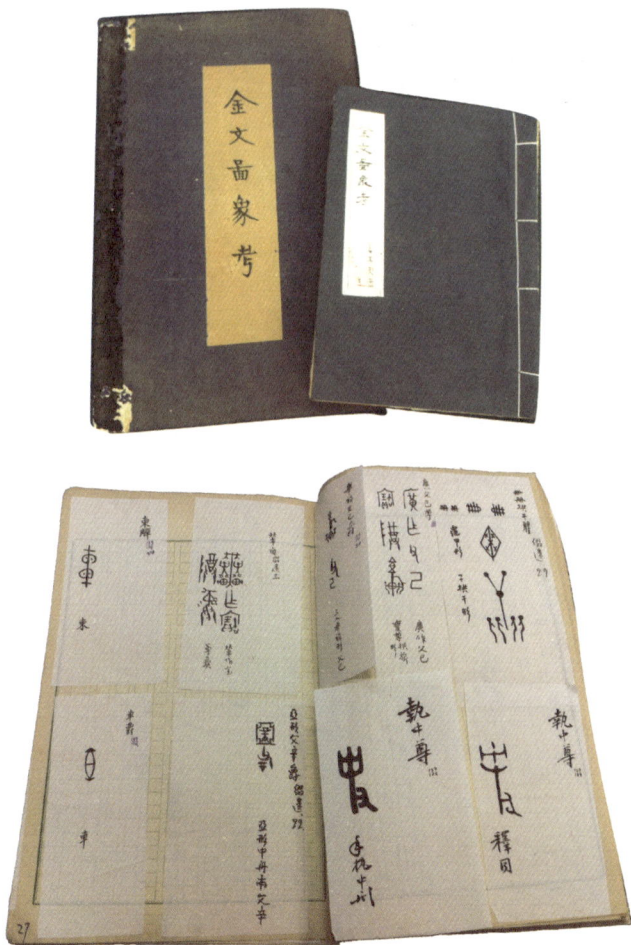

金文图像考资料布袋夹

1957 年和 1962 年，姜先生分别招收两届古汉语研究生，1964 年招收楚辞研究生。

50 年代末姜先生给研究生上课时的情景

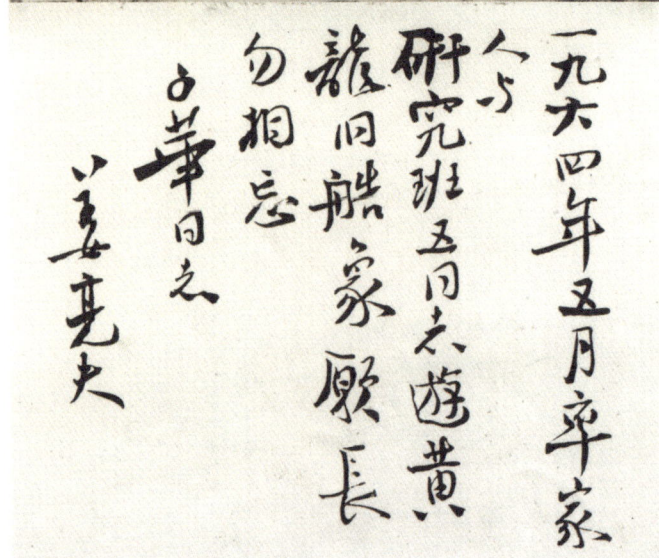

一九六四年五月率家今研究班五同志遊黄龍同艁宴願長勿相忘

古莘日之

姜亮夫

1964 年 5 月，姜亮大（前排中）与古汉语班研究生林菁（子华，后排左）、薛恭穆（后排中）、郦亭山（前排右）、助手郭在贻（后排右一）、助手张金泉（后排右二）等合影于黄龙洞

60年代末，姜、陶两人相爱已达30载。在这漫长的人生道路上，他们同甘共苦，互相关怀，互相支持。姜亮夫感激之情油然而生，作诗云："雅量清才集一身，三分明月两分清。莫使来朋轻菽水，晚晴风景亦可珍。"陶秋英随即和原韵作诗云："逝去情怀病缠身，药炉茶罐奈何亲。三十年如梦今偕老，回首青春与共珍。"

姜、陶两人三十婚期合影

是年春节，端木蕻良与钟耀群夫妇从北京寄来贺画。

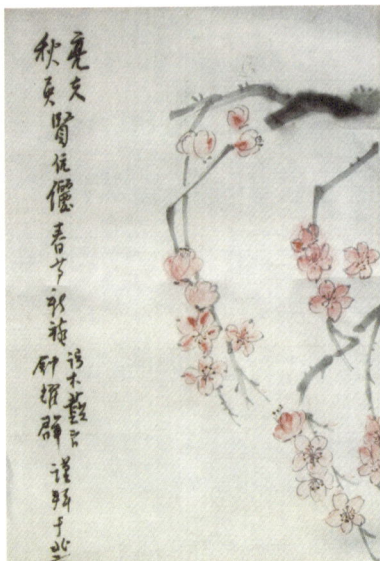

端木蕻良与钟耀群夫妇的赠画

50 年代末，为了探讨汉语言学继承与发展问题，陈望道先生从上海来到杭州与姜先生会晤，之后全家陪同陈望道先生游湖。

陈望道先生与姜先生全家漫步在杭州花港公园

50 年代末，姜先生与张宗祥先生交往甚密，两人经常在一起探讨学术问题。张先生是一位博学多才多艺的大儒，而且连中医药也有很深的造诣。姜先生的病体经张宗祥先生调理治疗终于痊愈。姜先生曾有《阆声（张宗祥）先生门下问学记》一文怀念。

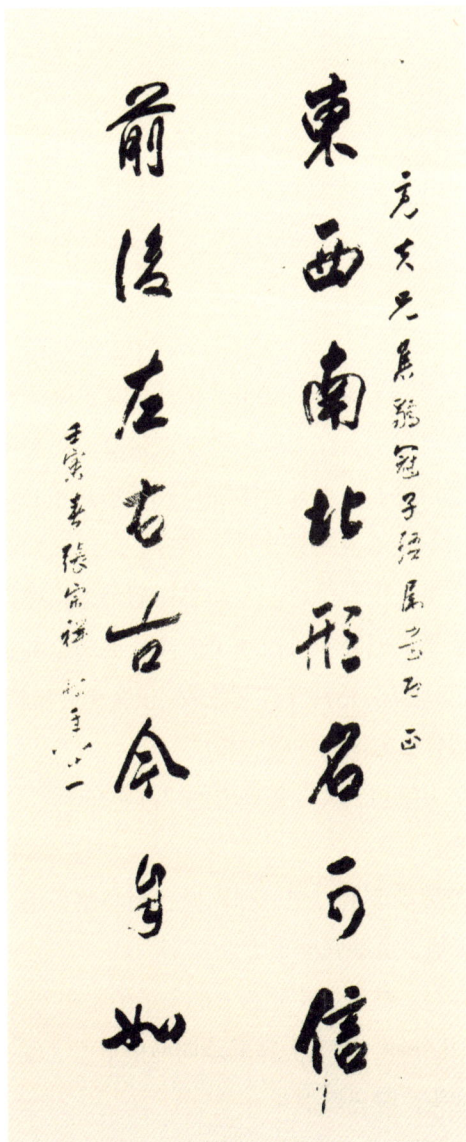

张宗祥先生赠给姜亮夫先生的对联

"文革"煎熬

　　1966 年，"文革"开始了，姜亮夫先生预感一场大风暴将来临。立即思考来浙江后"为封建主义扛大旗"的所谓带有"思想问题"的文稿只有一篇《孙贻让学术检论》，再像云南那样毁于炉火于心不忍，就冒险藏在衣箱的夹板层中。不久红卫兵就分批大抄家，红卫兵们看看客厅和书房里的书都是古文专业书，没有小说。专业书他们不感兴趣，于是干脆把客厅和书房用封条封起来。但卧室可遭殃了。陶秋英的全部金银首饰，从法国带回的钻石项链、蓝宝石、钻戒等全部没收，仅文稿一项糟蹋达一百多万字，尤其是日记本大部分成为他们的战利品！

　　第二种打击是大字报，大批姜亮夫的"古典文学"、"古汉语"、"古文献"的三古方案。

　　第三种打击是劳动改造思想，扫厕所，扫马路，用二轮劳动车一次要搬运七包水泥到工地，劳动强度很大。

　　第四种是批斗会，挂牌批斗是客气的，最怕是坐"飞机"（两手反举，低头下跪）。不要几分钟，姜亮夫体弱就向前倒下去，红卫兵还用脚踢他头部，幸亏他两手抱头，避免惨祸！

　　第五种是"示众"，姜亮夫因为有胃病，不能吃籼米饭，暗中吃点面包，被红卫兵发现后被罚跪在食堂门口，而他们敲打脸盆，大喊"吃面包是资产阶级生活方式"。

第六种是剥夺住房权利，逼着把书房、大客厅和南面的小花园让出，一家三口只许住一南一北两间房。在厕所门口重新开通道，从后门进出，这样客厅书和书房书必须堆在卧室。无奈姜亮夫把一部二十四史以 140 元的价格卖给旧书店，腾出书箱放其他书。

姜亮夫一想起掠夺式野蛮抄家，心就隐隐作痛。"小红卫兵"抄家是"低水平"，但"老卫兵"来抄家是"高水平"，为获取"罪证"不放过一片纸，在抄家时罚姜亮夫跪在毛主席像前，不许看抄拿去什么。对专业性很强的手稿尤感兴趣，说什么去"审查"，一部 180 万字的《楚辞通故》稿也带去，大概东西太多太重，后遗忘在阳台上，晚上被风一吹，手稿散落在院子里，沾上雨水污泥。陶秋英全部的诗词稿本，拿去审查后没有下文。寻觅珍贵文物资料是"老红卫兵"的目标。20 世纪 50 年代前著名的国学大师和名家与姜亮夫先生的论学函件，如章太炎、陈寅恪、林山腴、金松岑、陈石遗、胡适、徐悲鸿、陈望道、闻一多、钱锺书等人的重要信函都放在一起被"红卫兵"抄家带走了。其中，章太炎先生的来信尤其宝贵，此信是姜亮夫请教太炎先生关于《尚书》中难题的答复，最长一信达十多页信纸。还有陈寅恪、金松岑等先生的二三十封信都具有很高的学术价值。

"文革"结束后这些珍贵信件下落不明，姜亮夫先生专题报告给校领导，要求落实政策，追还这些信件，但结果是石沉大海，在遗稿中留存的《"文革"中未归还的信函目录》，姜亮夫先生写道："一九八三年九月十六日，杭大中文系要我呈报'文革'中未归还物品目录。"这些信件是姜先生"文革"中最惨重的损失！

"文革"中姜先生一生唯一不戴眼镜的照片

"文革"中姜先生房内堆放的书籍资料一角

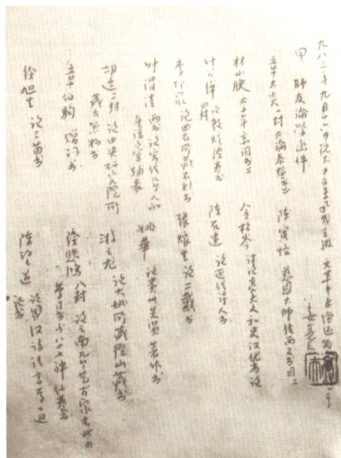

"文革"中被"老红卫兵"
拿走的信函清单

　　"文革"中遭遇最伤心的是独女姜昆武大学毕业被分配到仙居山村，二老在杭无人照料，又不许用保姆，度日如年，此时姜先生在小本本上写了四首诗：

【一】

少不投笔思定远，老应焚琴去子期。

而今书剑两漂泊，但抛残泪沾弁衣。

【二】

娇女自来绕膝玩，斗闻远别摧心肝。

离情本是消魂事，况我更无第二男。

【三】

平生相伴惟一女，老病相思更伤情。

昨夜星辰昨夜风，梦中常自向阴妷。

【四】

病榻支离老去身，杜若芳芜竟成尘。

梦回忽惊娇女至，笑把双臂认家珍。

　　夫人陶秋英更是日夜思念女儿，直到 1975 年 6 月 18 日还 "诗以代念"，诗文如下：

病骨支离枕席来，
心心惟有爱儿真。
独儿异地儿居独，
咫尺天涯望富春。

年纪小小独遨游，
母子心牵挂两头。
但愿康宁儿万吉，
画中归艇化真舟。

舟行还逊车驰速，
马上加鞭轴润油。
小鸟归巢成凤侣，
向平两愿好优游。

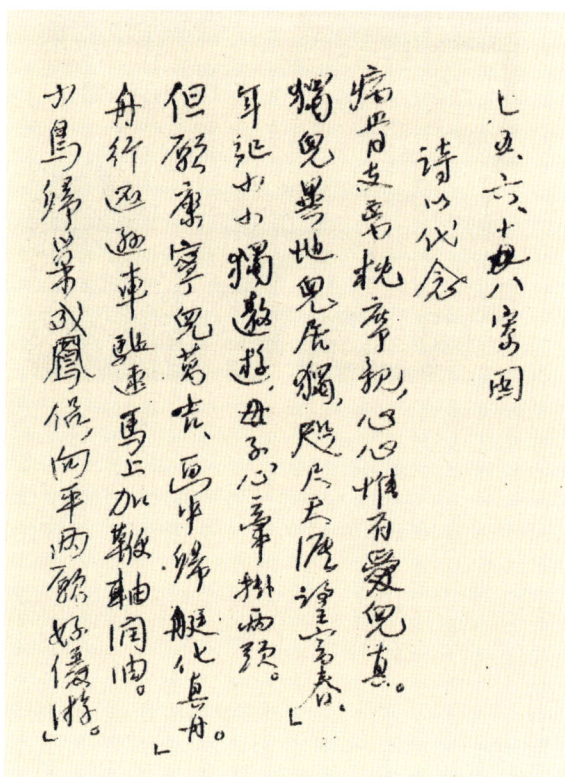

陶秋英思念女儿，于 "1975 年 6 月 18 日寄因诗以代念"。诗文为原手迹

但在最痛苦的时刻，夫人陶秋英在精神上不忘对姜先生的安慰。1968年，在风暴最激烈的时刻她写下《戊申中秋月蚀私祝亮君》诗：

见说人间浪不平，韬光应是葆精英。

三更斗转嚣尘息，照世清辉分外明。

姜亮夫先生和夫人和女儿合影（60年代初）

"文革"中两位老人共熬岁月

抄家、大批判、劳动改造的狂风渐渐平息,姜亮夫先生顽强地生活着,同时又整理起残稿。

"文革"后期,姜先生又潜心于学术研究

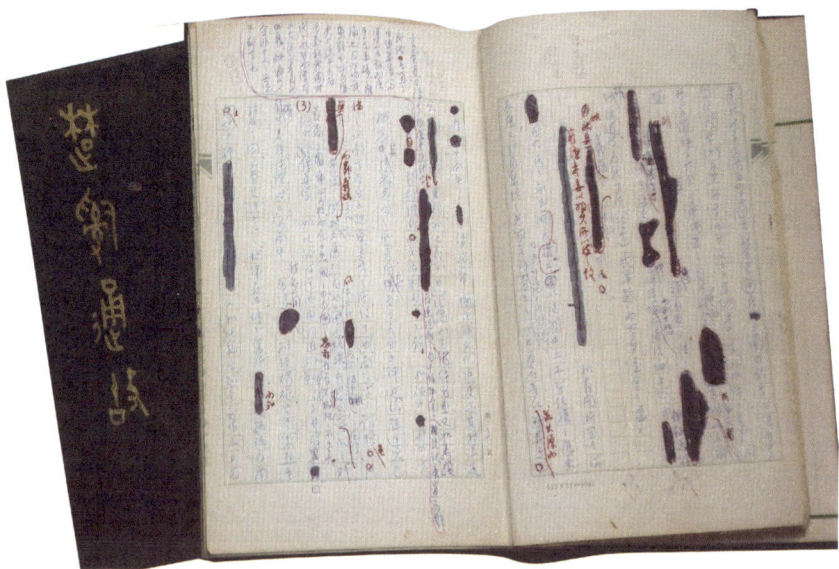

《楚辞通故》总叙修改稿

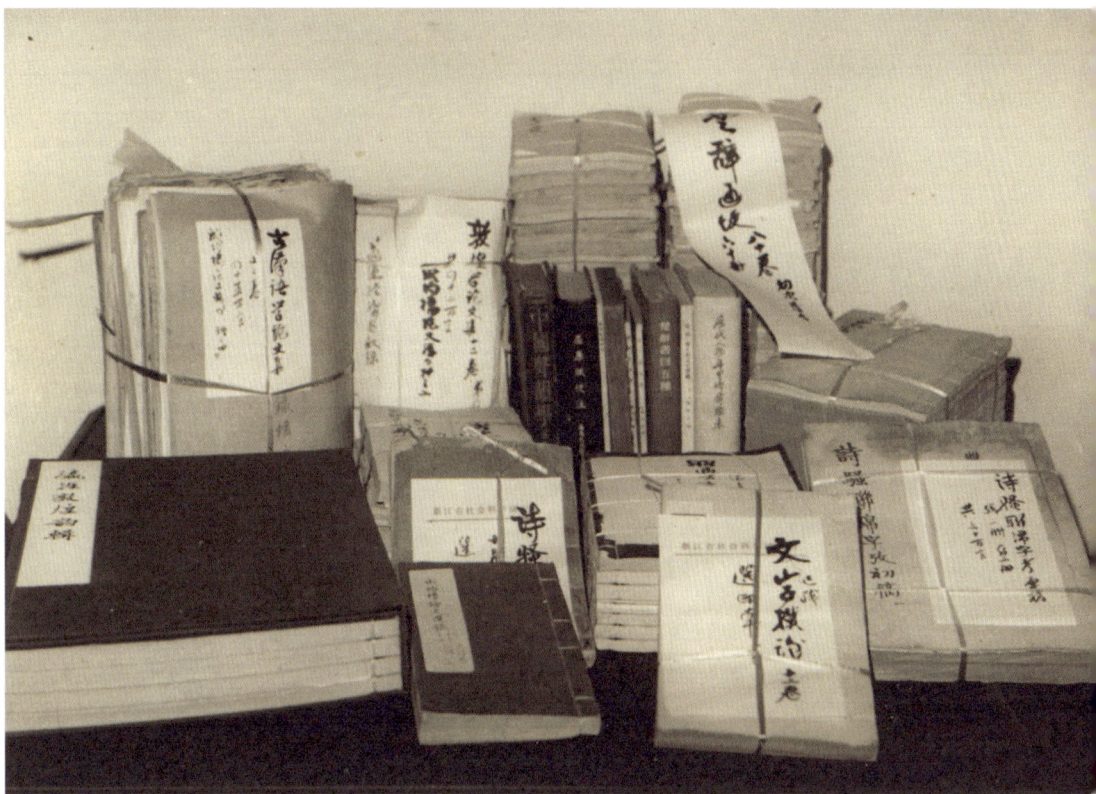

　　"文革"后期出版事业还未恢复，姜先生为了尽快交流自己的科研成果，油印成均楼四种学术论文选录本（楚辞学、敦煌学、古史、古汉语）每种各30本，分赠学术界的同行。这种油印本把选出的论文用钢板蜡纸刻写，然后用油墨在家中印刷，再装订成册。当时最多的是印30册，最少的印20册。这种"版本"是"文革"中的特殊产物，因为那时候出版界处在停顿阶段，学人之间交流研究成果只得采用私下印刷"出版"，今天看来特别珍稀。

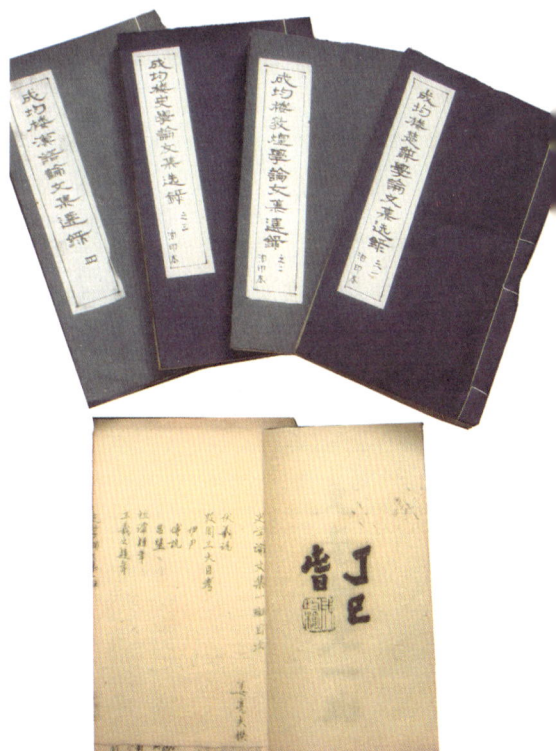

成均楼四种论文选录本书影

当姜先生空余之时，时时思念爱女昆武。1974 年，即挥笔用甲骨文赠联爱女，期望之心跃然纸上，有"中郎有女粗解传奇字，自传成家应不作路人"之语以勖之。

姜先生留影于杭大住所门前小花园内

姜先生用甲骨文字体赠女儿昆武联

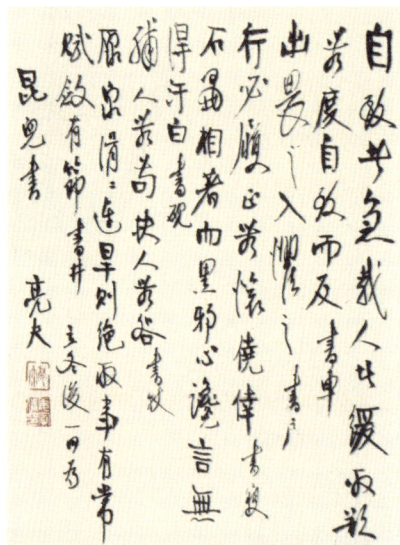

同年姜先生应爱女昆武索书联

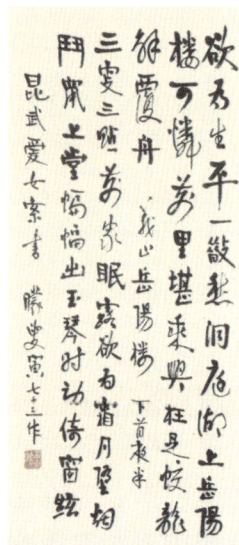

姜先生又作赠昆儿书联

　　姜先生的独女昆武自从 1968 年被分配到浙江仙居任乡村教师，几经周折，才于 1975 年调回杭州中学任教，后调入浙江省社会科学院，帮助姜先生整理文稿是她主要的科研工作。从此姜先生安心于自己的学术研究和教育工作了。

姜先生和女儿合影

照世清辉

1979年，教育部为了抢救中华民族文化遗产，决定从古籍整理和人才培养方面着手，而人才培养更是当务之急，为此要求杭州大学为全国十余所重点大学培训楚辞学专业研究人员，使楚辞学研究后继有人。年近80的古稀老人姜亮夫先生毅然接受了这项任务。

姜先生课前在作准备

1980 年楚辞班 13 位教师毕业时与姜先生夫妇合影留念

楚辞班学员把姜先生讲课录音整理出版《楚辞今绎讲录》书影（已印三版）

姜先生 78 岁喜抱外孙女姜祖韵

　　1980 年，送走了楚辞班的毕业生，姜亮夫迎来了外孙女的诞生。

　　姜先生的外孙女 1980 年 6 月诞生。老人心情特别高兴，应女儿昆武所求，随即挥笔，并同时赐书女儿、女婿各一幅。

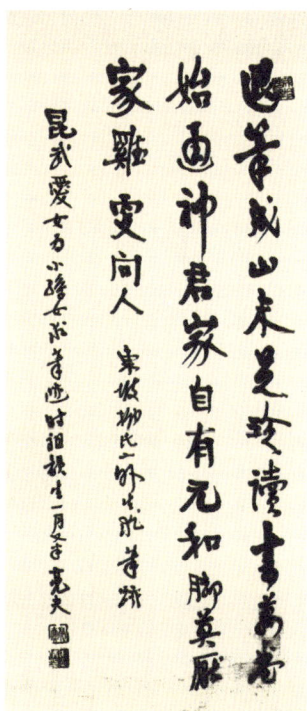

姜先生为外孙女诞生一个半月时赠书幅

姜先生赠婿字幅

姜先生赠女儿字幅

1980 年，《中国社会科学》创刊并发表了姜亮夫先生《智骞〈楚辞音〉跋》。该文考证智骞楚辞音残卷，首次提出楚辞学史上存在郭璞学派的论断，高屋建瓴，震动了楚辞学界。

《中国社会科学》创刊号书影及姜先生的文影

智骞《楚辞音》跋

姜亮夫

姜亮夫，1902年生，现任杭州大学中文系教授。楚辞和敦煌学专家。著述数十种，其中《屈原赋校注》一书对字形、字音、字义及内容均有较详密的解释。

本文论述隋代小学及楚辞学者释智骞《楚辞音》的学术意义，并考证了智骞的生平。唐以前楚辞传本全部亡佚，仅存智骞残卷，故此文有助于了解千余年前楚辞学研究的成就。作者认为，历代注楚辞者，东晋郭璞及智骞深得屈原浪漫主义之风旨，为楚辞注家中的一大流派，影响至今。这个意见，值得重视。

第一节 叙录

《楚辞音》残卷，隋、唐人写本，现藏巴黎国民图书馆写本部，编号为 P2494，盖柏里和 p.elliot 氏自敦煌盗去者也。余旅欧时，王君重民告余已写影归。余亟欲得之，亦就该馆为摄一帧。归国后，苏州友人借观。1937年八一三事变陡发，余仓皇北上。时余《屈原赋校注》已交商务印书馆，不及修订。1945年抗日胜利，余东来，止吴下。友人闻之，剧以正本璧归。余既感其诚，益爱惜不敢轻示人。乃稍稍研习之，为此文，与故友闻一多有所商量，乃与清。后复有更订。而余病瘫，又脑热不能深思，故不惬心者尚多云。

本卷楮白纸，存八十四行。起今本"骊玉虬以桀鹭兮"之"桀"字，迄"杂瑶象以为车"之"瑶"字，凡存二百八十一条目。"奄兹"条下有"骞按"云云，因以知是骞公《音》，《隋志》所著录者也。书法整秀，为当时善本，稍习敦煌卷子者，类能知之。不避隋、唐讳，望而知为唐以前写本。

按《隋书·经籍志》《楚辞》款，有《楚辞音》一卷，释道骞撰。又《序录》云："隋时（公元589—618），有释道骞，善读之，能为楚声，音韵清切。至今传楚声者，皆祖骞公之音"云云，是可宝也。余从此残卷得所启示，请详后论。

　　为了更好地推进浙江省社会科学各领域的学科建设，省委宣传部要求各学科领域成立"学会"。为此全省语言科学研究人员于 1980 年 11 月 20 日成立"浙江省语言学会"，并选举姜亮夫先生任会长。参加祝贺这次成立大会坐在前第二排的有：倪海曙 (左 6)、徐复 (左 7)、张世禄 (左 8)、姜亮夫 (左 9)、吕叔湘 (左 10)、吴文祺 (左 11)、陆宗达 (左 12)、罗竹风 (左 13)、周祖谟 (左 14)、张涤华 (左 15)、蒋礼鸿 (左 16) 等人。全国语言学界权威专家云集一堂，真是罕见的历史盛会。

浙江省语言学会成立大会合影（1980.11.20）

夫人陶秋英经历"文革"的打击后,对中国传统文化学术研究失去信心,专心致志于自幼喜爱并打下良好基础的国画艺术。

陶秋英挥笔作画时的情景

陶秋英祝姜亮夫寿画

　　1981年4月，夫人陶秋英在浙江展览馆举行个人国画展。由钱君匋先生题写"女画家秋英国画展"，这次画展共展出作品一百余幅，在社会上引起轰动。

陶秋英与外宾在展览馆前合影留念

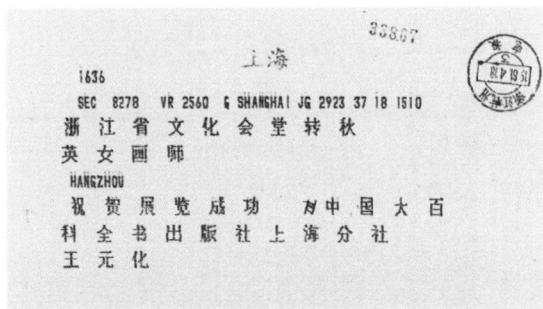

王元化先生祝贺陶秋英展览成功的电函

杭州大学陈立校长在参观画展时和陶秋英留影

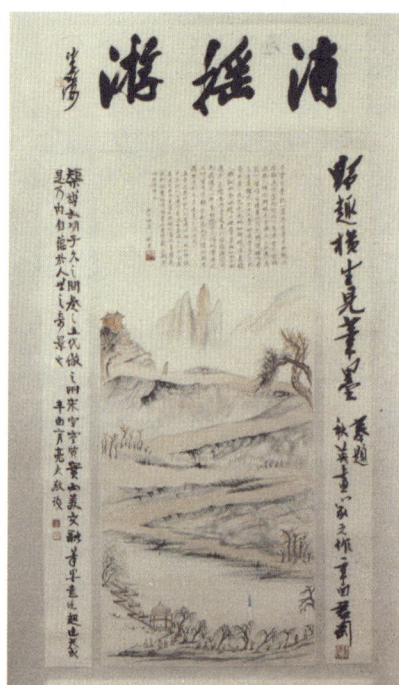

陶秋英画作，由沙孟海、钱君匋和姜亮夫题辞

姜亮夫先生为夫人陶秋英题山水画长跋

姜先生八十大寿时夫人作画相赠

1982 年 4 月 7 日，西湖诗社全体社员准备举行一次盛会，特邀苏步青教授莅临指导，这真是"群贤毕集，静聆宏论"。以数学家主盟诗坛，可说是前无古人，奇才奇迹，益增西湖异彩。这次盛会设在蒋庄小万柳堂，此时正是西湖百花齐放、柳浪荡漾、水光潋滟之时，和与会群贤的欢畅情景相映成辉。为此大家敬请苏老教言，苏老沉吟片刻，即诵诗一首：

> 清明几日破寒阴，
> 红白花开傍翠林。
> 千顷湖光映山碧，
> 万株柳色护堂深。
> 难逢兴会春相唤，
> 易逝岁华忙更侵。
> 自愧老来惟碌碌，
> 树人空抱百年心。

才思之敏捷，情景之交融，举座皆惊。一位数学家有如此深厚的诗词根底，真使后学汗颜。由于苏老咏诵，诗会盛况空前，陶秋英充满敬仰之情，和韵一首，以表心意：

> 好湖山里好光阴，
> 红满枝头绿满林。
> 桃李遍开争彩艳，
> 文章传诵叹高深。
> 华年莫道翩然逝，
> 白发原来犹未侵。
> 小子群从瞻马首，
> 宗师一片是丹心。

苏老的谦逊，陶氏之敬仰，可见当年老一辈的风范。

1983 年，姜亮夫受命组建杭州大学古籍研究所，并任首任所长。在姜亮夫遗稿中留存的一册 64 开的小记事本，展现了姜亮夫为创办古籍所亲笔记录详细、完整的规划，内容涉及人事编制、课程设置、研究方法、授课教师名单、图书资料、招生办法、经费预算等各个方面，见证了他为筹建古籍所付出的心血和努力。第一届和第二届硕士研究生班完全按照上述规划培养。这时他已是年逾八十的老人了，为了使学生拓宽知识面，从校外请来很多著名学者讲课，姜先生使学生既"博"又"专"。这不仅体现老人家对提高培养研究生教学质量的良苦

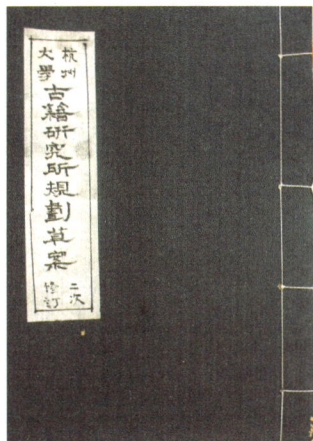

《杭州大学古籍研究所规划草案》

用心，同时也体现了他想继承清华国学院的教学方法来培养学生。

1983 年 9 月，首届中国古典文献学专业六名硕士研究生入学。10 月，中国敦煌吐鲁番学会语言学分会成立，姜亮夫先生任分会会长。是年，中国屈原协会成立，姜先生任会长。

1982 年，姜先生为杭州大学中文系 1978 级毕业生题写赠言"修辞立诚、天下文明"。

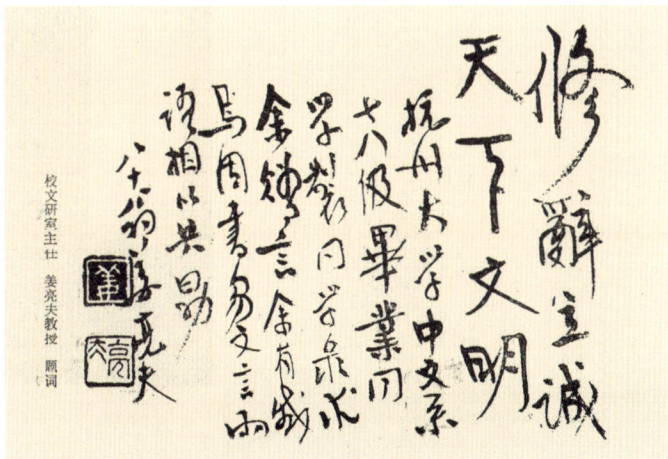

姜先生赠杭州大学中文系 1978 级题词

1983 年，姜先生挥笔告诫女儿、女婿
"玩物丧志，乐道忘忧"联。

姜先生赠女儿、女婿联

1983 年 7 月，中国大百科全书特聘请姜先生为"中国文学卷编辑委员会委员"、"先秦分卷主编"。为此 8 月间，王元化先生来杭，共议先秦文学卷的框架、条目、篇目及请有关专家撰写事。事后姜先生亲自拟订先秦卷的总体结构、条目等，工作十分认真，有些篇目亲自撰写。

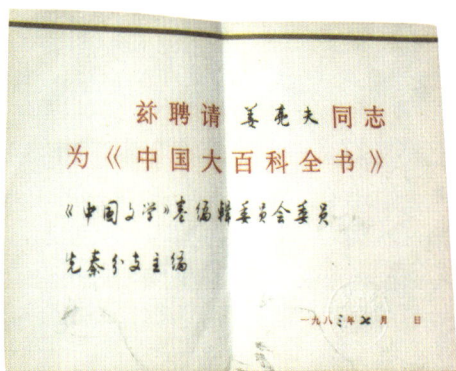

中国大百科全书的聘书

姜先生亲自编写先秦文学卷的框架、条目影

1982 年前日本学术界有"敦煌在中国，敦煌学在日本"的谬论。新华社浙江分社王建人先生特地登门拜访姜亮夫先生。姜先生回忆1935 年在巴黎国民图书馆查阅上千卷敦煌资料，并又赴伦敦、罗马、柏林的情景，那时候王重民、向达等学者都在研究敦煌文物，仅姜先生一人就先后出版了《瀛涯敦煌韵辑》、《敦煌——伟大的文化宝藏》等专著，后来又陆续出版《敦煌学概论》、《敦煌碎金》、《敦煌学论文集》、《瀛涯敦煌韵书卷子考释》，其他的学者也有很多敦煌专著问世。那时教育部还专门请姜先生举办敦煌学培训班，培养接班人。姜先生用事实验斥日本学者的污蔑。这次中华人民共和国国际广播电台的广播在海内外引起很大反响。

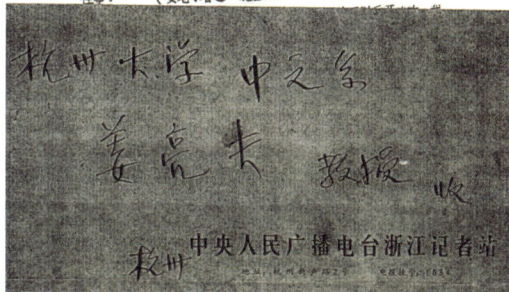

1983 年 9 月 19 日，敦煌学讲习班开学典礼姜亮夫（左一）在会上发言的情景

　　我国敦煌学的研究专业人才，经过"文革"浩劫，剩下的寥寥无几。教育部为了使我国敦煌学研究后继有人，又委托姜亮夫先生举办全国首届敦煌学讲习班，这时姜先生已 82 岁高龄，身体虚弱，高度近视，但他毅然接受任务。1983 年 9 月 19 日，全国 14 位中青年教师云集杭州大学。学校十分重视，教课的全程均用录像（那时电化教育刚起步，全程录像在当时很少用）。课堂上先生端坐在讲台前，旁边放一茶杯，还有一录音话筒，没有书面讲稿。每次讲课回家，姜亮夫身心十分疲惫，讲一次课要休息两天才能恢复体力。姜亮夫不仅讲授敦煌学的内容，更重要的是教给学员如何深入研究的方法。经过半年多的努力，终于按计划讲授完毕。事后先生说："我如释重负，我对敦煌研究的期望在这一次讲课中得到充分表达，我希望中青年教师努力，为敦煌研究作出贡献，为中华民族争光。我相信总有一天敦煌在中国，敦煌学也在中国。"讲课的录音，学员们整理成《敦煌学概论》一书。该书介绍"敦煌文献与艺术品的丰富内容及研究敦煌经卷的方法，并指出敦煌学在中国乃至世界文化史上具有重要历史价值"。该书第六次印本即将问世。

姜亮夫先生为敦煌讲习班翻阅资料

姜先生为敦煌讲习班上课的情景

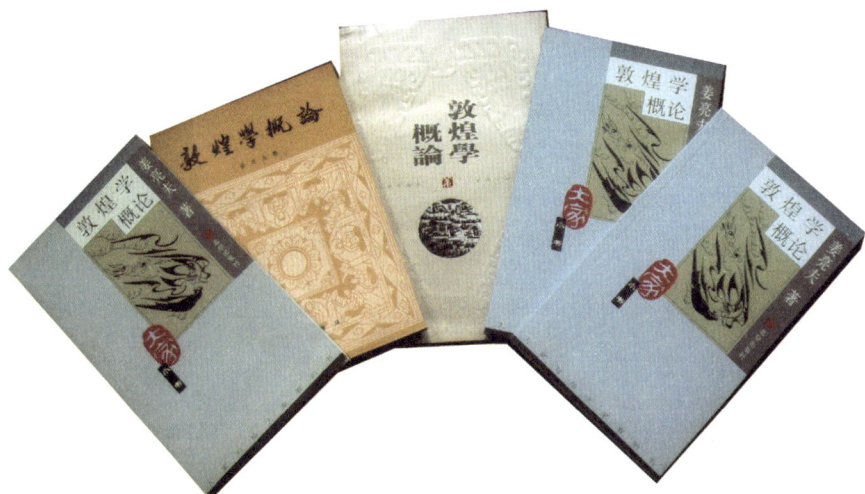

《敦煌学概论》先后三版五次印刷

姜亮夫先生（前左六）与敦煌学讲习班学员毕业时合影

1984 年 1 月，经国务院学位委员会批准，姜亮夫先生成为古文献专业博士生导师。同年 9 月，招收第二届古文献专业硕士生 10 名，首批博士生一名。

古籍研究所第二届古文献专业硕士生入学时师生合影

姜先生指导博士生俞忠鑫的情景

姜亮夫先生在古籍所资料室给硕士生上课的情景

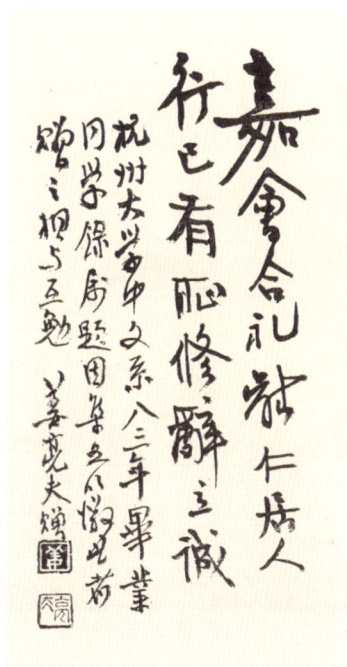

姜先生为原杭州大学中文系 1983 年毕业生题词

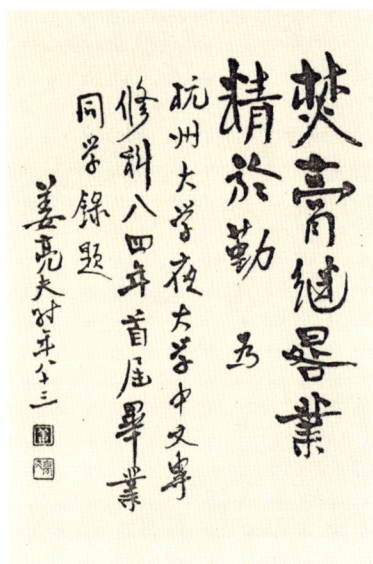

姜先生为原杭州大学夜大中文系专修科 1984 年首届毕业生题词

姜亮夫先生在客厅留影

　　1982 年 , 姜先生书赠小孙女联 :"深沉邃密博雅, 刚健笃实光辉。"
上款题词为 :"祖韵爱孙女欣尝永宝之。此联上句勉其力学, 下句勖其立德。
能如此庶几可为大人矣。吾孙女幼时即有大志, 故以此教之。丙辰冬余病,
粗愈而神形皆困视。写此联时相去亦远矣。丁卯立春后十日, 八十六老翁
祖亮夫补书。"

姜先生赠小孙女联

姜先生在家指导小孙女写字的情景

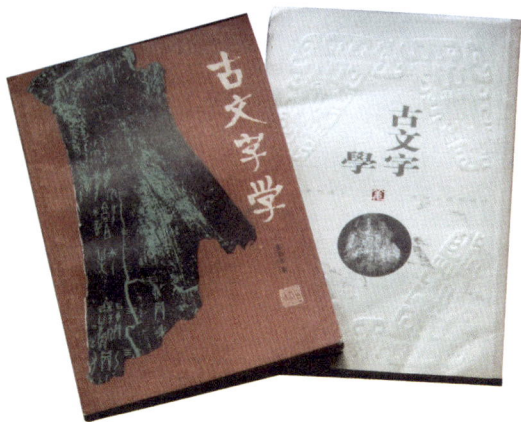

1984 年，姜亮夫先生《古文字学》由浙江人民出版社出版，
1999 年云南人民出版社再版

姜亮夫先生的《楚辞学论文集》1984 年由上海古籍出版社出版，
是先生在楚辞学领域全面、系统、深入和多角度研究的结晶

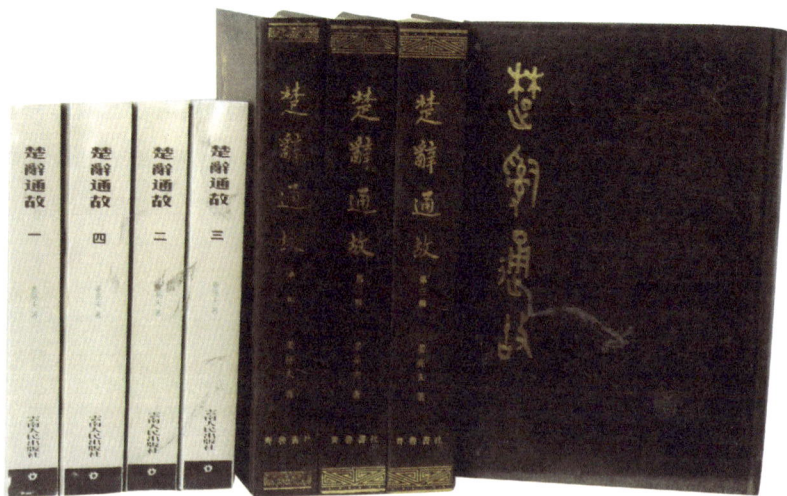

《楚辞通故》1985 年由齐鲁书社影印出版

　　《楚辞通故》全书 200 万字，历经十年。该书"据楚史、楚故、楚书、楚习、楚言等楚文化探赜屈、宋作品真义，驳正数千年诬枉不实的旧说，采用穷源尽委、整体推断、比较异同、分析矛盾、无证不断等科学方法，以发其义蕴"，"特别注意援引出土文物、证发屈宋文理思致、博采文物、天象、舆地、制度、博物等图片，以助读骚通旨。为《楚辞》研究的创新之作"。

　　对于《楚辞通故》的出版，人民文学出版社林东海先生更作如下评价："姜先生《楚辞通故》对楚文化进行全方位的考察，引发出来的对于长江文化的研究，很值得今天的学者加以重视，探索夏商文化如何转移到长江，又如何与巴楚文化结合，从而发展为长江文化，这种文化又是如何影响长江经济的发展，诸如此类的课题无疑都是很有现实意义的。姜先生的研究偏于形而下，他的《楚辞通故》主要是做些实证性的工作，但他对于文字材料的辨析考订，对于历史资料的排比铺陈，为后人对楚文化作形而上的理论研究提供了十分坚实的基础，他的这部著作，将来必定成为长江研究史的一座里程碑。"（上文载于《文林二十八宿师友风谊》一书）

姜亮夫研究《楚辞》，从《屈原赋校注》至《楚辞通故》历时 30 余年。今仅从《楚辞通故》一书成书过程，可窥视到学术研究工作的艰辛。

有关楚辞的资料，现将其排列如下：

1.楚辞资料卡片	这是老人家集 30 多年的有关楚辞资料的卡片。有些是前人的重要论断，更多的是 20 世纪 50 年代后《文物》、《考古》上登载的楚文化、楚文物资料及图片。
2.《楚辞引得》编号本	这是登录全部楚辞各篇章的字、词，并一一编号，为以后统计、编写条目做好前期准备工作，共计两大册。
3.《楚辞通故》规划	这是对全书的总体设计。
4.《楚辞通故》总目	油印本，1975 年 8 月印成，可以看出全书的分类，词条详数。
5.《楚辞通故》手稿本	共 24 册，计 200 万字。
6.《楚辞通故》清正本	把手稿写好的各条目整整齐齐请文书抄正，共约 80 余本，后留存三本作样本。在此本上进行第一次校对。
7.《楚辞通故》插图目录	分辑图像目录四册，现尚存第三辑图像目录。
8.《楚辞通故》正楷本	毛笔书写稿本四册。这是影印前的浩大工程，第二次校订。若有个别字错，涂上白色颜料，再用墨笔更正，如较多错，则重抄　张。
9.《楚辞通故》影印本	装订成四册，由齐鲁书社出版。
10.《楚辞通故》电子版	繁体、直排。当时（2000 年）许多甲骨文、金文电脑词库中尚无，只得一个一个临时编造定形，工程巨大。

本书十大步骤，前九项均在姜亮夫先生亲自过问下完成的。电子版于2002年出版，全书共200万字。这里特别要提及第五项，恰逢"文革"时期，"红卫兵"们要拿去《楚辞通故》全部手稿，由于太多太重，又逢天雨，当搬到室外阳台时，就临时放下。后来"小将"们忘记来搬，经过一夜风雨，原稿有四分之一散落在阳台上、花园里，被雨水、泥水沾污。姜亮夫第二天到阳台上一看，心痛万分，他俯身把词条一张一张捡起来，但有四分之一已完全损坏，后来他又花三年时间一条一条重新补写，真是"苦行修善果"，一部《楚辞通故》成书过程的辛劳可想而知。

《楚辞通故》每一条目的形成，从考证源流到楚文化的历史演变全过程，史料丰富，翔实可信。有很多材料是根据考古发现的甲骨金文、楚字、楚物等进行分析，然后得出结论。这过程主要是靠他平时收集资料，然后记载在卡片上，再分类插入小袋，日积月累，等到材料充实，终于书写成条目。

另一特点是写的稿纸没有一卷是统一的，往往用各式信纸写，或把友人来信信封平拆后，在反面空白处书写的；也有的是利用政协会议发言稿的反面空白把它拼接起来，裁成统一大小来写的。

每一词条目后第一句即是"凡三见"或"凡八见"，看来这一统计数只有一两个字，从这个数目字可以推测到他写这一条目的前期统计工作是多么细致，真是"字字皆辛苦"。

《楚辞通故》的手稿本

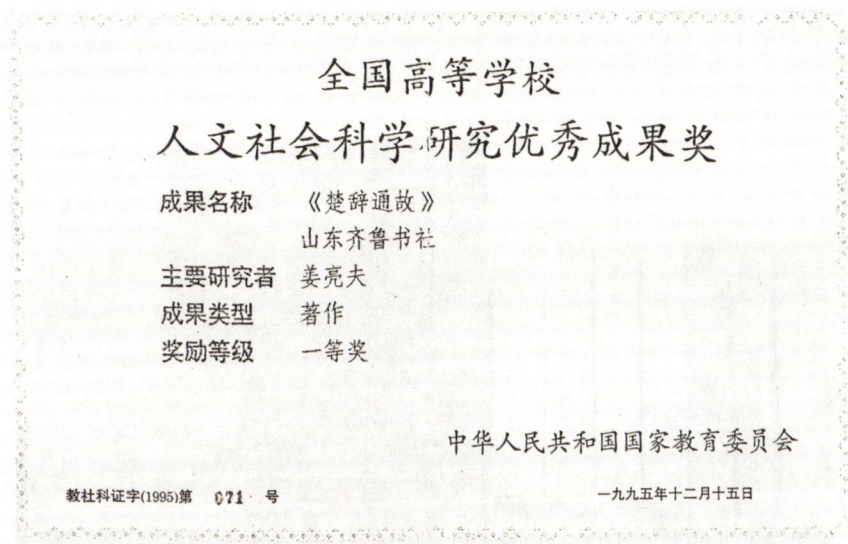

全国高等学校
人文社会科学研究优秀成果奖

成果名称　《楚辞通故》
　　　　　山东齐鲁书社
主要研究者　姜亮夫
成果类型　著作
奖励等级　一等奖

中华人民共和国国家教育委员会

教社科证字(1995)第 071 号　　　　一九九五年十二月十五日

《楚辞通故》获全国高等学校人文社会科学研究优秀成果一等奖

姜亮夫先生撰写《楚辞通故》时留影

姜亮夫先生楚辞学专著共十部：《陈本礼楚辞精义留真》、《屈原赋校注》、《楚辞书目五种》、《楚辞书目五种修订本》、《楚辞学论文集》、《楚辞通故》、《屈原赋今译》、《楚辞今绎讲录》及《修订本》、《重订屈原赋校注》

　　1985 年，姜先生关于敦煌学的重要著作《莫高窟年表》历经磨难，终于由上海古籍出版社出版。全书 48 万字。以年代为经，史事为纬，对公元 68 年至 1943 年敦煌文献进行编年，证考入表。该书体大精深，考订详尽，为敦煌学奠基作品之一。

《莫高窟年表》书影

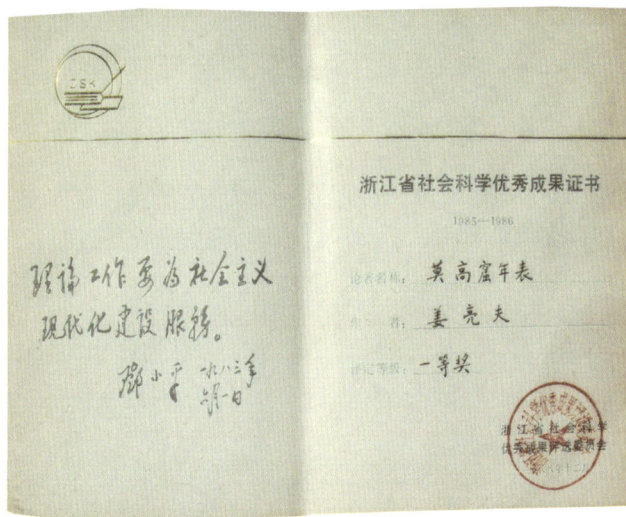

《莫高窟年表》获浙江省社科一等奖证书

由于楚辞学培训班、敦煌学培训班相继授课，古籍所的筹建，两届硕士研究生招生及博士研究生的入学，大量繁重的工作使八十高龄的老人应接不暇，再加上他的专著连续出版，姜先生终于支撑不住，于1985年9月因冠心病住院治疗。经医生精心治疗，病情稍稳定。但祸不单行，1986年3月夫人陶秋英两年前的旧病复发，姜先生在医院中忧心如焚，夫人虽经各种方法治疗，终无回天之力，于1986年6月2日溘然而逝。姜先生得知噩耗，痛心疾首，但由于健康原因，只得在病床上作挽联以悼夫人。联云：

十年知交　五十年夫妻　辅我著书　福泽愧对赵文敏[1]
卅卷诗文　三百卷绘笔　教女成材　哀荣有过谢夫人[2]

姜亮夫先生与夫人陶秋英生前最后合影（1984）

---

[1] 赵文敏：元，赵孟頫之谥号，字子昂，文学家、书法家。妻管氏，善诗文。
[2] 谢夫人：谢道韫，东晋女诗人。谢安的侄女，江州刺史王凝之之妻。

秋英夫人谢世后，姜先生腹内出现巨大肝囊肿，只能进行手术，于1986年8月抽出3000毫升肿液，化险为夷。1986年11月回寓静养。

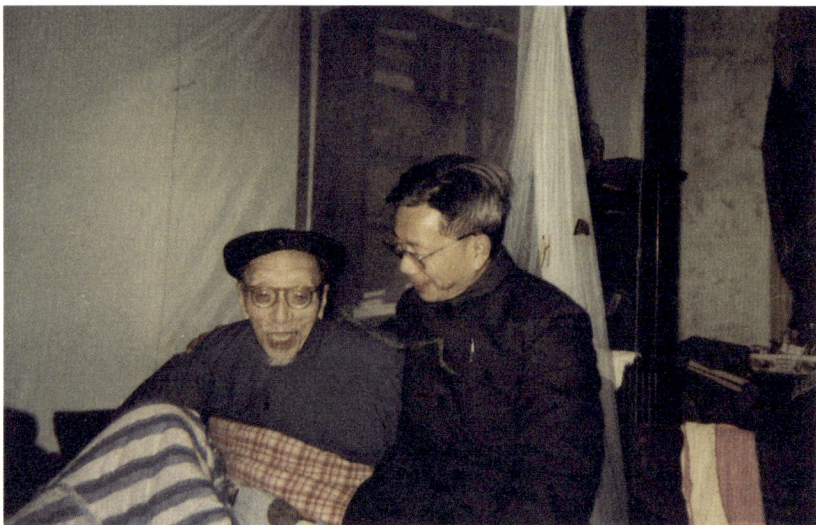

杭州大学金锵副校长亲临姜先生家中探望

经过半年多的休养，姜亮夫体力渐渐恢复。1987年夏，姜先生由亲人和弟子们护送上山，至夫人墓前亲祭，寄托哀思。

1987年姜先生亲祭夫人，在墓前留影（1995年姜先生逝世后合葬于此）

1987年，《敦煌学论文集》出版。该书是先生积近40年敦煌学研究之精品，涉及语言、敦煌艺术、敦煌史料及考释敦煌学的价值及未来建设等多方面专题论文集，涉及面广。

《敦煌学论文集》书影。全书74万字，平装分上、下册，精装本一册，上海古籍出版社1987年出版

1990年和1992年姜先生的《敦煌碎金》《瀛涯敦煌韵书卷子考释》亦先后出版，至此，姜先生关于敦煌学的七部专著全部问世。

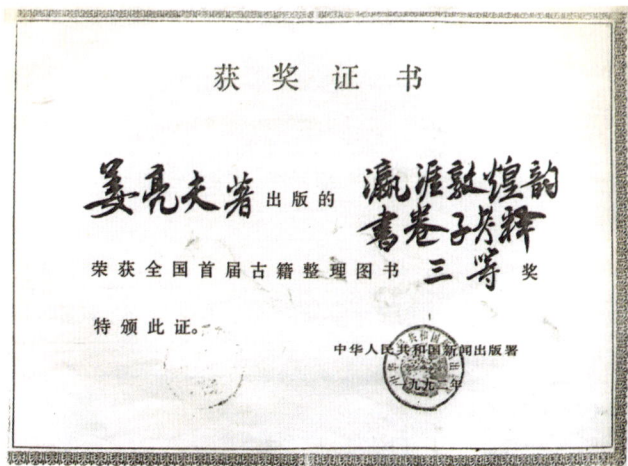

《瀛涯敦煌韵书卷子考释》获全国首届古籍整理图书奖三等奖证书书影

姜亮夫先生全部敦煌学专著书影

　　这年，姜先生的侄女姜华全家来杭探亲。姜先生即赠联"高楼思哲士，盛宴忆寒民"给时任云南省副省长的侄女婿梁公卿。这是老人对父母官的期望。

姜先生和梁公卿（中排左一）、侄女姜华（后左）两家合影

高楼忠哲士

盡延忆寒民

行己有耻

修辞立诚

姜先生赠梁公卿联

1986 年姜先生书联"行己有耻，修辞立诚"警世后人

1990年，国际敦煌学学术讨论会在敦煌举行，先生年迈高龄，未能成行。但心系这次学术讨论会。为此，向大会赠书一幅"敦煌宝藏是全人类的同心结"以表心意。

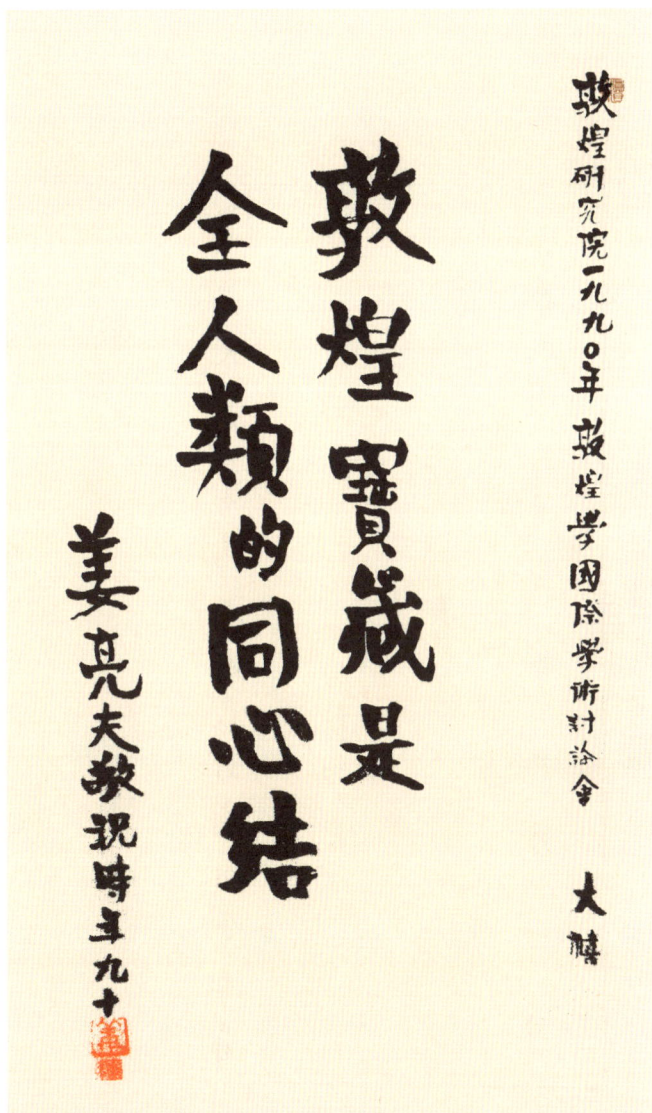

"敦煌宝藏是全人类的同心结"字幅留影

正当姜亮夫先生有关敦煌学方面的诸多著作出版之际,敦煌艺术的"守护神"常书鸿先生来到西子湖畔,与敦煌学研究集大成者姜亮夫先生会面。两位敦煌学的专家欢聚一堂。40多年的友谊,40多年各自为敦煌学而奋斗的经历将永载史册。

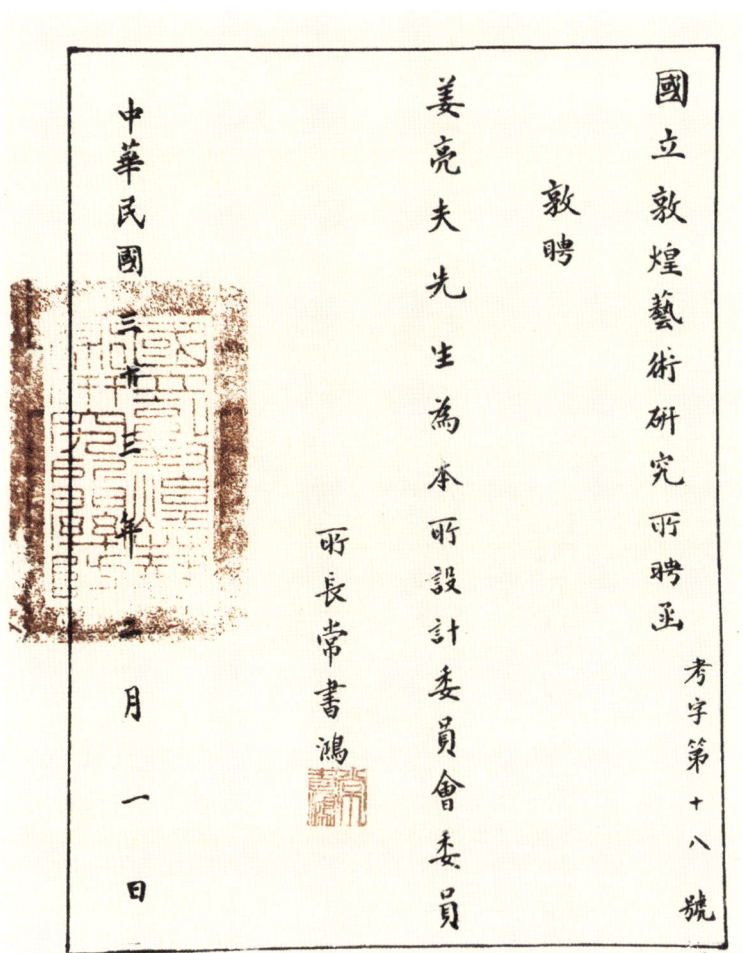

1944年敦煌研究所所长常书鸿先生聘请姜亮夫先生为"国立敦煌艺术研究所设计委员会委员"的聘函

事隔 40 余年，姜亮夫先生（左）与常书鸿先生（右）在西子湖畔举行庆贺之情景

姜亮夫（左）、常书鸿（右）两位敦煌学专家

1988 年 11 月，首届古文献专业博士生俞忠鑫论文举行毕业答辩。答辩委员会主任为胡厚宣教授。

博士生论文答辩会姜亮夫（左一）、胡厚宣（中）、沙孟海（右一）

首届博士生论文答辩
会上姜先生发言的情景

1988 年，姜先生听说杭州碑林馆内藏有自唐代至清各类碑刻 500 石，先生在助手傅杰和家人的陪同下欣然前往参观。他在天文星象馆内看到世界上最早的五代石刻天象星图碑。该碑刻于公元 943 年，是从吴越王钱元瓘墓中出土的。该图星象位置精确。二十八宿的附属星座齐全，是研究我国天文史极珍贵的文物资料。他想起 50 多年前留法时看到我国的稀世珍宝、守国重器都陈列在异国他乡的博物馆内，感慨万千，在星象馆前欣然命笔写下："今日得见故国珍奇，为生平大乐，亦生平感慨至深至切的第一次！"短短数语可见老人对中华民族文化的眷恋之情。

姜亮夫先生与助手傅杰在星象馆前留影

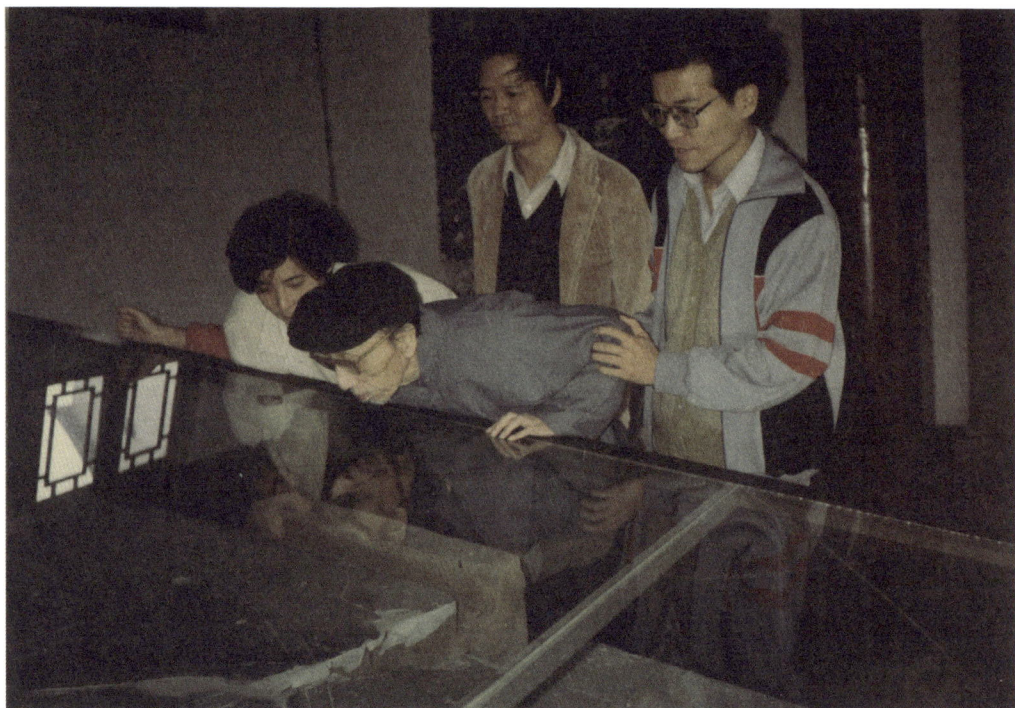

姜亮夫先生在观看星象石刻图的情景

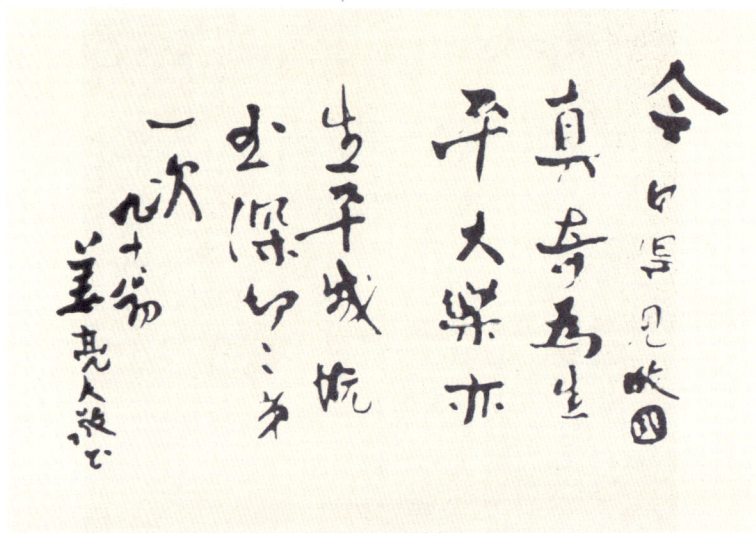

姜先生观看星象石刻图后题词

是年，杭州马一浮先生纪念馆开馆典礼，姜亮夫先生应邀参加。事后，姜亮夫、沙孟海、陈训慈三位老人在馆前合影留念，《浙江日报》用"西湖三老"为题登载此照。

"西湖三老"，从左至右为姜亮夫先生、沙孟海先生、陈训慈先生

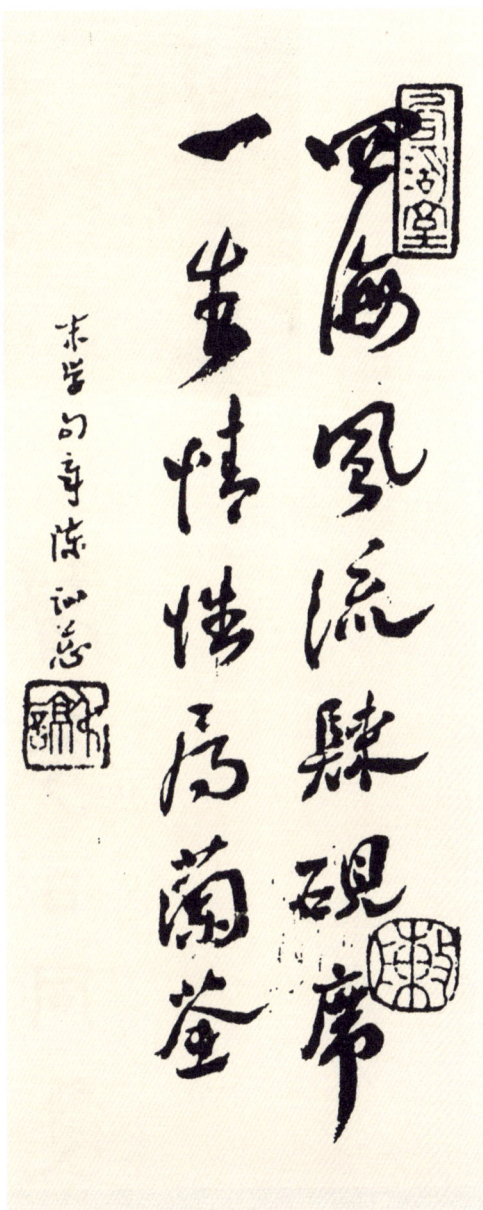

原浙江省图书馆馆长陈训慈先生赠姜亮夫先生手书

同年，香港中文大学饶宗颐教授来杭，与姜亮夫先生进行学术交流。

姜亮夫先生（左）在家中与饶宗颐教授（右）亲切交谈的情景

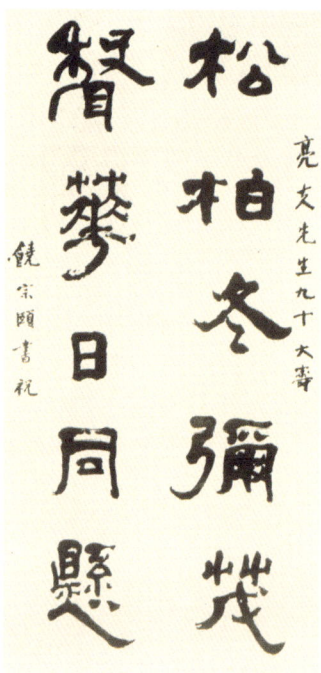

姜亮夫先生九十大寿时，饶宗颐教授送的贺联

姜先生研究语言文字学，从清华国学院的毕业论文《诗骚联绵字考》到30年代的《中国声韵学》、《文字朴识》、《古文字学》，再到1988年出版的《昭通方言疏证》，把语言学的研究从古到今再深入到文字、方言领域，形成一个较为完整的语言学术研究体系。

《昭通方言疏证》书影，上海古籍出版社1988年出版

姜先生全部的语言学专著书影

1989年，第二届博士生毕业论文答辩会举行。王元化先生任答辩委员会主任。

第二届博士生论文答辩会。答辩委员会主任是王元化先生（中）

　　1990年，学校决定为先生举行庆贺九十大寿的庆典，会上先生风趣地说："我的牙齿未掉，还能啃甘蔗，我的头发大部分是黑的，我的血压不高，我还想参加在座各位的九十寿辰庆祝会。"全场响起热烈的掌声。

庆祝姜先生九十寿辰会上杭大党委书记薛艳庄教授亲切扶持姜亮夫先生入座

祝寿会后姜亮夫先生与沙孟海先生合影留念

庆祝姜先生九十华诞后，校领导、贵宾和姜先生合影留念
（自右至左为：沈善洪、王凤贤、戴盟、高培明、沙孟海、姜亮夫、黄逸宾、王伯敏）

祝寿会结束后全家在杭州大学门口留影

庆祝会结束,姜先生回到家中,与外孙女姜祖韵合影,并期望她"昂首高远以天下为己任,抚心求是以上人为勉励"。可惜的是此联未能书写成幅。

姜先生在庆祝会后回家与外孙女合影

祝寿会后姜先生回府的第二天,就想把胸中酝酿很久的《数论篇》成文。但他视力太差,无法自书,便借用录音,然后学生、家人记录整理好之后读给他听,如此反复三遍,最后他要求文中提及甲骨、金文写成四平方厘米大的字样让他仔细过目,直到满意为止。该文论奇思精,逻辑严谨,绝看不出这是一位90岁老人的思维。此文发表在《中国文化》1992年9月第六期上,这篇论文是他有生之年最后之作。

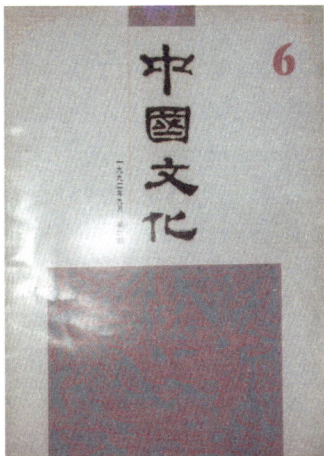

《中国文化》1992年9月第六期登载《数论篇》书影

姜亮夫先生治学，认为语言和历史是两大根基，为此，先生一生对中国历史的研究特别钟情，他曾就不同的史学专题搜集大量资料，从正式出版的《张华年谱》、《陆机年谱》、《历代人物年里碑传综表》到楚辞学、敦煌学的研究都离不开大量史料。《古史学论文集》更是运用恩格斯的《家庭·私有制和国家的起源》中新的观点来研究中国古史。

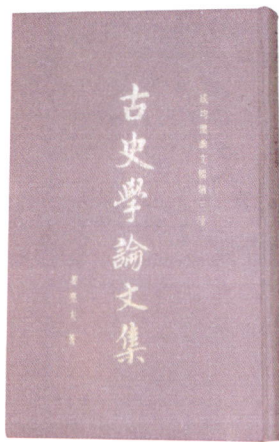

《古史学论文集》书影

自从 1985 年第一届博士生入学后，每年招收一名博士生，姜先生根据博士生各自研究的课题分别进行指导，对于共性问题集中指导。

姜先生在指导他的博士生

我是以人类文化学为猎场，以中国历史（社会史）为对象，用十分精力搜集资料，然后以古原始的传说，以语言学为基本武器，再以美国摩尔根《古代社会》和法国毛根《史前人类》的一些可信据的结论为裁截的基础，又时厂与自然科学相协调，这是我做学问的秘诀。而抓住一个问题死咬着不放，是我的用力方法。

——姜亮夫　一九九〇·三

1990 年前后，《当代天下名人传略》请姜亮夫先生提供简历、主要作品成就，还要填一栏"成功的秘诀"，姜先生对此如是说：

"我是以人类文化学为猎场，以中国历史（社会史）为对象，用十分精力搜集资料，然后以古原始的传说，以语言学为基本武器，再以美国摩尔根《古代社会》和法国毛根《史前人类》的一些可信据的结论为裁截的基础，又时时与自然科学相协调，这是我做学问的秘诀。而抓住一个问题死咬着不放，是我的用力方法。"

这段话告诉我们学术研究既要有广博的知识，又要有明确的目标；既要善于搜集有价值的资料，又要有坚实的语言学基础；既要吸收西方文化的精髓；又要善于和中国传统文化有机结合；还要注意把社会科学和自然科学相协调；最后指出学术研究要有坚强的毅力！他是这样说的，也是这样做的。他生前的卧室四周墙上都挂满资料卡片袋，把日常所见的有价值的资料细写成卡片分门别类插入袋中，数以万张的资料卡片箱重叠起来，比桌子还高，姜亮夫先生的《历代名人年里碑传综表》、《楚辞通故》等原始资料就是这样积累的。

这段经验对后人很有启发，为此，先生九十寿辰时，将这段话印在贺卡上。

姜亮夫先生一生出版了近 30 部专著，上百篇论文，历时 70 余年。综观各类版本，发现除了木刻本没有外，其余版本尚齐全，有些版本是特殊年代的特殊产物，列表如下。

姜亮夫专著的版本

书　名	版　本	出版时间	说　明
《诗骚联绵字考》	石印本	1932 年	昭通石印
《文字朴识》（云南大学版）	石印本	1946 年	
《瀛涯敦煌韵辑》（上海出版公司）	影印本	1955 年	照片底片版
《屈原赋校注》（人民文学出版社版）	铅字排版印本	1957 年	
《敦煌学论文选录》	油印本	1970 年	"文革"期间，出版社印书很困难，故自己请人刻钢板、印刷、装订而成
《楚辞学论文选录》			
《古史论文选录》			
《古汉语论文选录》			
《汉语教程》（浙师院教材）	打字本	1957 年	
《屈原赋今译》	油印本		
《楚辞通故》（齐鲁版）	影印本	1985 年	利用先进技术制版
《楚辞通故》（云南版）	电子版	2001 年	繁体、直排
《姜亮夫全集》（云南版）	电子版	2002 年	全部繁体、直排，1250 万字
《五百罗汉》序（杭州版）	电子版	2003 年	繁体、直排

在姜亮夫遗稿中还有一本18页的《唐书》残页，内夹一纸，上写：

借师院新唐书，遗一册，吾妻为补抄归之，此抄错各页留之以志一时辛劳。

成均楼 五月廿日

补抄的格式、字形、大小、每小格每行字数和原件相似，几乎可以乱真，如最后一页只有两个字笔画略粗，也就作废！老一辈认真负责的精神真值得今人好好学习。

借師院新唐書遺一册吾妻為補抄歸之此抄錯各頁留之以志一時辛勞
成均樓 五月

馬氏宰相三人 燧 植 周

褚氏出自子姓宋共公子段字子石食采於褚其德可師號曰褚師生公孫肥子孫因為褚氏漢梁相褚大元成閒有褚先生少孫裔孫重始居河南陽翟裔孫招安東將軍揚州都督關內侯孫䂮字武良晉安東將軍始徙丹陽孫顧說洽裕祥洽武昌太守生征討大都督都鄉元穆侯裒字季野二子歆字歆字幼安秘書監生爽字義弘會稽王諮議參軍爽五子秀之粹之𤤺之裕之淡之

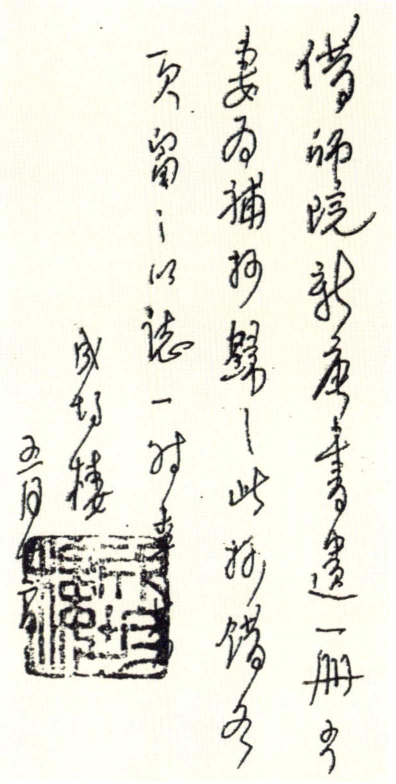

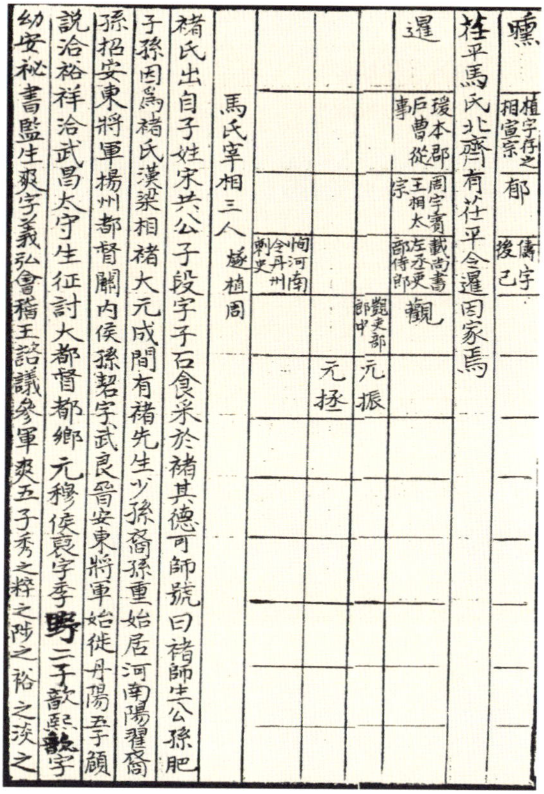

补抄《唐书》残页之一

　　1991年，杭州灵隐寺新建"药师殿"，按设计要求，正门中间高达三层楼的石柱上应有两副石刻楹联，灵隐寺住持特请姜亮夫先生敬书正中一副。先生虽然精于佛典，但毕竟不是佛门中人。他说："灵隐是江南名刹，著名佛教胜地，写得太深玄，则大多数善男信女难以了悟，达不到宏扬佛法的目的。"为此他对《药师经》反复读诵六遍，再参阅其他佛典，这对一位90高龄、视力只有0.01的老人来说绝非易事，整整酝酿月余才成文：

　　药师如来大愿发十二教循尊礼苦行修善果，琉璃世界尊经诵卅九虔诚念拜誓求得再生。

　　楹联书写对于"矇叟"来说困难更大，先生双目无法看清笔尖落纸之处和笔锋的走势。全凭手感运笔挥毫，累了就停，不累再写，整整一上午只写完上联。中午稍事休息，下午继续慢慢写，整整一天方才写成。仔细看字体，铁笔银钩，苍劲有力，入木三分。见其字如见其人，他每做一事总是这样踏实、刻苦、严谨。

灵隐寺药师殿正中两石柱上镌刻着姜先生的楹联

姜先生在书写"药师殿"楹联时的情景

姜先生与写毕的"药师殿"楹联合影

"药师殿"楹联句条幅

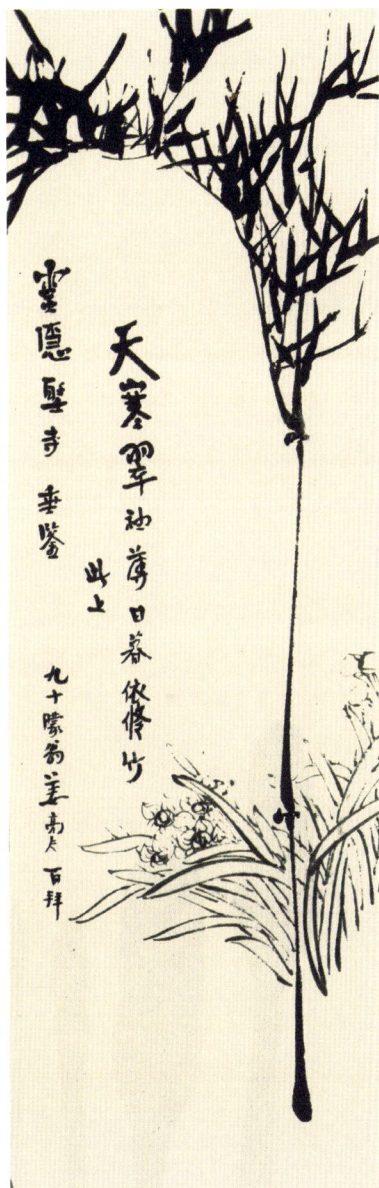

姜先生拜送杭州灵隐圣寺之墨宝
（题辞为：天寒翠袖薄，日暮依修
竹。）——录自杜诗句，时年90

　　1991 年，灵隐寺重建药师殿时，后面再建造五百罗汉石刻碑像殿。药师殿前需要姜亮夫先生刻写碑记。姜先生虽然对佛典有研究，但毕竟不是佛门中人。他是一名学者，学术上他很多结论都离不开考证。关于罗汉传入中土事，他发现当今出土文物《罗汉碑记》记载有新的证据，与现佛教界传统观念有些出入。是按现传统佛教界观点写，还是按新考古发现资料来写，他犹豫很久。他从"广西宜山罗汉碑记"比"江阴罗汉碑"记载时间早 30 余年事实出发，认为"罗汉"传入中土从南路传入更合情理。他决定按新考古发现的材料来写，是否确切，有待将来历史证实。结果，此文被收入杭州出版社《五百罗汉》全彩图丝绸版书中。《五百罗汉》全彩图是庐山博物馆珍藏、清代许从龙画家的传世之作，是国家之瑰宝。丝绸版是用现代高科技全彩印在丝绸上，第一次精印此图，因此尤为珍贵！

　　姜亮夫先生在《五百罗汉碑记》中最后写道："吾人日常烦苦之时，一闻常鸣钟磬之声，即心意悠然渐知。吾人不能无心灵，斯不能无宗教！此思维逻辑之必然也。"

　　这副楹联写毕后，姜先生要求家人把他的笔、砚洗干净，自此封笔。

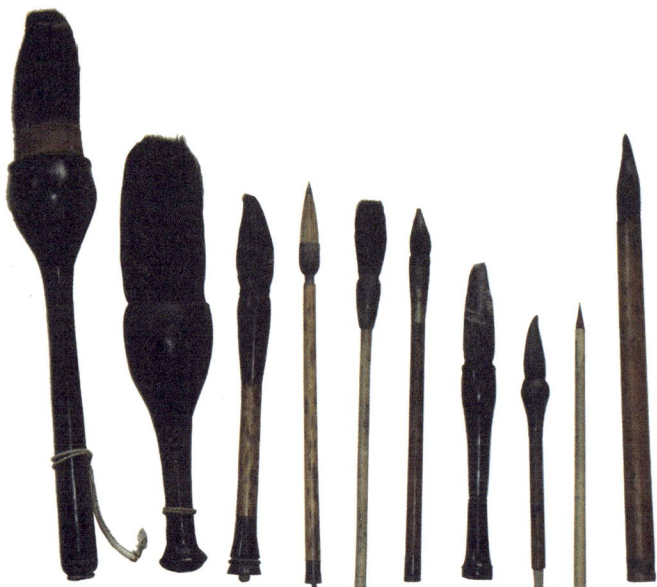

这是姜先生生前用过的各种笔

　　为了表彰姜先生一生为我国教育事业作出突出贡献，国务院于 1991 年
10 月 1 日，批准自 1990 年 7 月起发给政府特殊津贴。

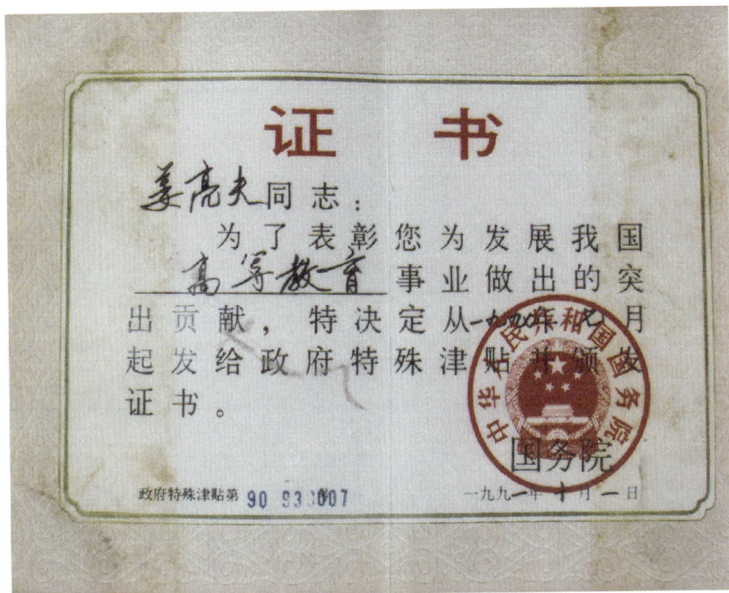

国务院发给姜先生的政府特殊津贴证书

姜亮夫先生和他的部分著作留影

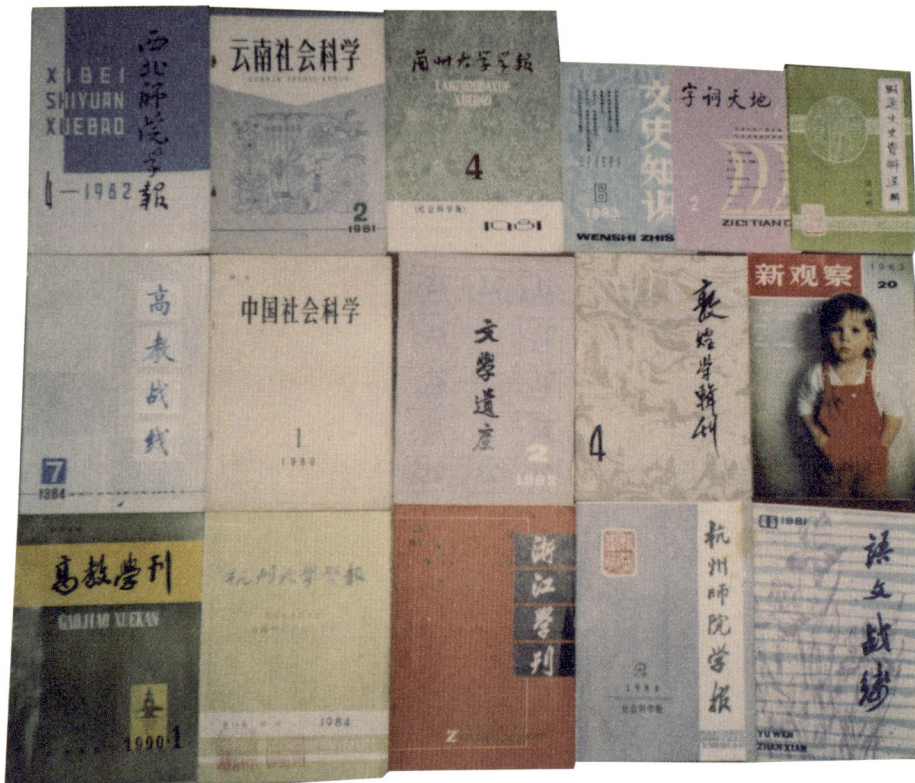

姜亮夫先生一生发表论文百余篇，先后发表在 30 余种杂志刊物上
（从 1931 年的《国学商兑》到 1992 年的《中国文化》）

1992 年 5 月，姜先生终因年迈体弱多病，自己深感来日可数，但还不忘怀古籍所的工作，对此他在小记事本上亲笔写下他对文献学研究生的最后的文字记录"最后最高要求"。全文如下：

要求每个毕业生能普照整个专业与中国全部文化史——至小（少）是学术史的能力，及各个方面（指学术分类）的独立研究古籍能力，而且有永久坚强的毅力，自强不息的精神，坚（艰）苦卓绝的气概！

癸申（1992）

姜先生对古籍所的毕业生"最后最高要求"字迹(1992)

这是对后学的期望。姜亮夫的一生也正是遵循着这一标准，为继承中华民族文化传统鞠躬尽瘁！写完上述的"最后最高要求"后，姜先生就因病住进浙江医院。

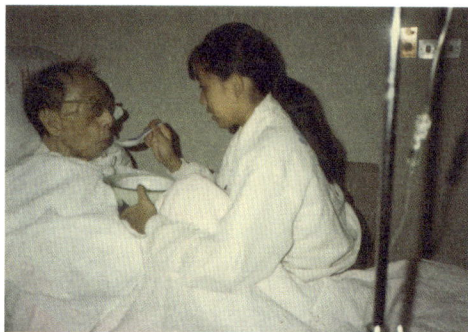

姜先生在医院病床上由外孙女照顾的情景

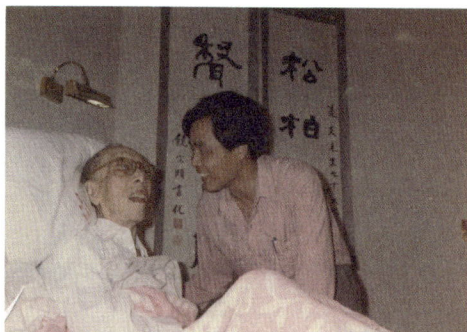

姜先生在病床上对博士生王宏理作最后嘱咐

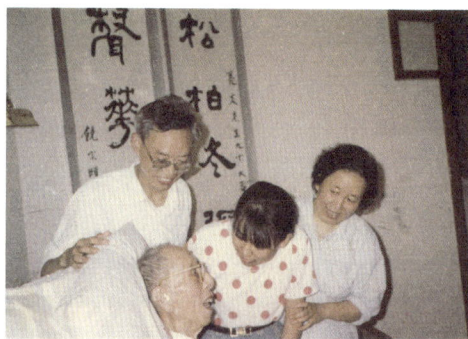

1994 年姜先生生日时和女儿、女婿、外孙女在医院病房里拍摄的最后一张全家照

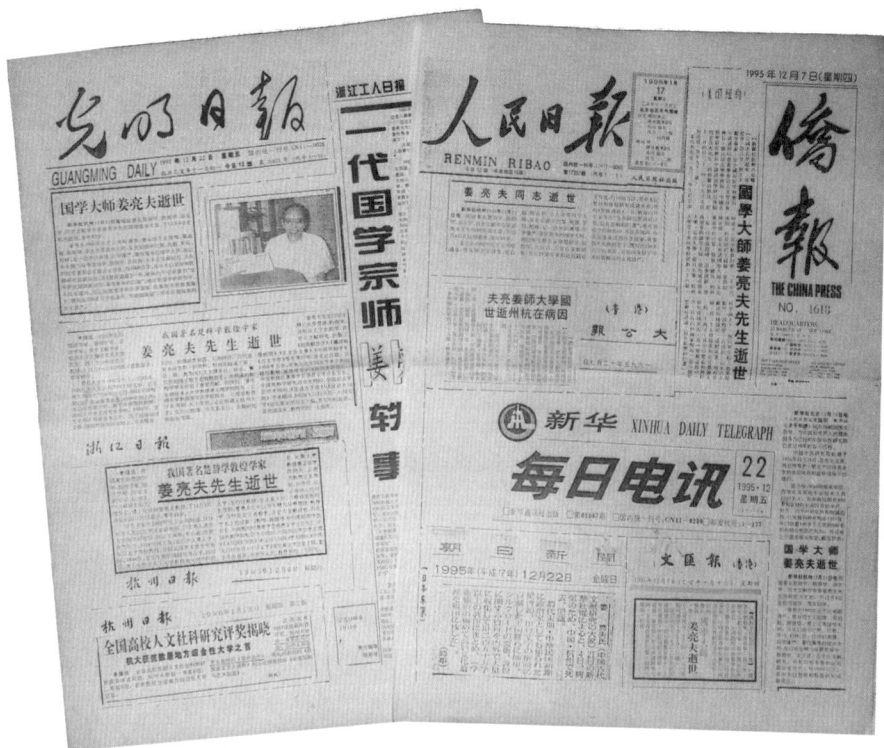

姜亮夫先生逝世各报快讯剪影

1995 年 12 月 4 日，姜亮夫先生在杭逝世，享年 93 岁。第二天新华社用《国学大师姜亮夫逝世》的标题通过卫星向全球播发快讯。从《人民日报》《光明日报》到香港的《大公报》《文汇报》、日本的《朝日新闻》、美国华人的《侨报》均先后刊登这一消息，全球的炎黄学者为此而痛惜！《人民日报》刊登全文如下：

　　新华社杭州 1995 年 12 月 21 日电　我国著名楚辞学、敦煌学、语言学、历史文献学专家姜亮夫先生因病医治无效，于 12 月 4 日在杭州逝世，享年 93 岁。

　　姜亮夫 1902 年生于云南昭通市，曾从师于王国维、梁启超、陈寅恪、章太炎等国学大师，又先后游学巴黎、伦敦、罗马、柏林，是一位学识渊博、治学严谨、著作等身的国学大师。他以毕生精力从事楚辞学、敦煌学、古汉语、古史、古文献研究，共有 27 部专著和近百篇论文传世，约 1000 万字。其中尤以楚辞和敦煌研究成就突出。他的《楚辞通故》一书，被海内外专家誉为"当今研究楚辞最详尽、最有影响的巨著"。他在敦煌学的研究中，不仅在国内，而且远渡重洋到许多国家，收集散失的敦煌卷子，撰写出 250 多万字的著作，为祖国保留了学术价值极高的文化遗产。

——新华社

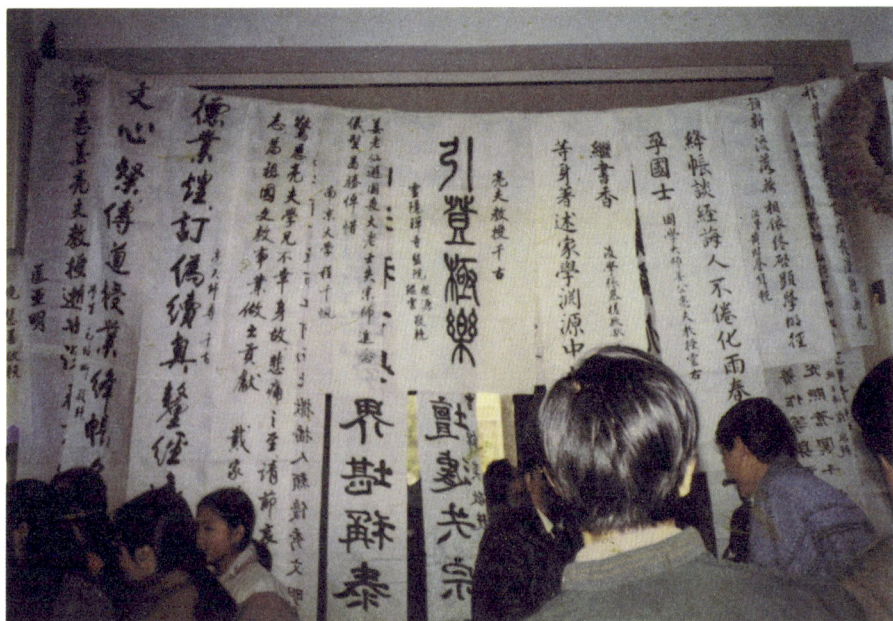

在姜亮夫先生遗体告别会上，挽联如林

2005年在姜亮夫先生逝世十周年之际，原全国人大常委会副主任许嘉璐（中）到先生墓前凭吊，以寄哀思

　　为了使姜亮夫先生的思想品德风范代代相传，为了使先生的学术研究精华千古留传，云南人民出版社根据王元化教授对出版《姜亮夫全集》"求全存真"的指示，全力以赴，克服各种困难，历经五年，终于将姜先生的1250万字著作用繁体字直排本出版。这部《姜亮夫全集》既告知后人治学的方法、人生哲理、道德风范、人生的风雨沧桑，也在"一定程度上反映20世纪我国文化史、教育史、学术史等方面的研究轨迹"，更是研究中华民族传统文化的典范。

《姜亮夫全集》顾问王元化教授与云南人民出版社主要编辑人员合影于杭大专家楼，自左至右为李惠铨副主编、张旭先生、王小燕主任、王元化教授及姜昆武教授

《姜亮夫全集》整理出版工作研讨会全体参会人员合影于杭州大华饭店（1999.2.25）

姜亮夫全集

李学勤

一九九九年，雲南人民出版社曾出版一套《姜亮夫著作選本》，很受讀者歡迎，現在又出版二十四卷本《姜亮夫全集》，使我們能夠窺見這位著名學者畢生功業的全貌，實在是值得感謝的。

二十世紀已經成爲歷史。從一九〇〇年庚子之變起如，百年間風雲變幻，中國的學術進程也是一波三折，路轉峰迴。然而這正是巨人輩出的時代，在知識界、文化界湧現出多少傑出成果、代表人物，一時難以計數。與民國初年的有識學人重視回顧總結清朝的學術敎展，今當有必要深入研究二十世紀的學術史，各地印行了很多上世紀學者的文集、資料、年譜、日記，說明這一時期學術史開始譽爲大家所看重。有關文獻非常珍貴，輕重搶救，不能不有所抉擇，最重要與者的著作，近幾年，因爲就是道上世紀的學術，決定着我們此後前進的起點和方向當然應該首先整理問世，而道方面的工作又每是很不容易的，需要投入相當大的力量，《姜亮夫全集》便是道樣。

启功先生为《姜亮夫全集》题写书名　　李学勤先生为《姜亮夫全集》作序

《姜亮夫全集》24 卷书影

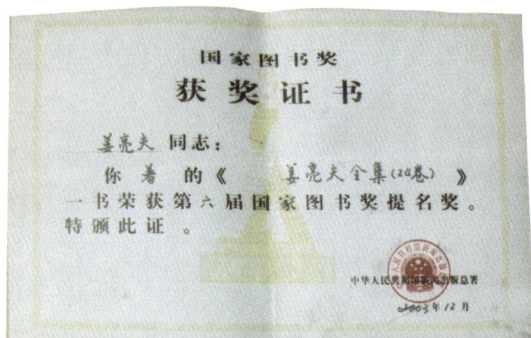

《姜亮夫全集》获中华人民共和国出版总署颁发的国家图书奖提名奖（2003.12）

1987 年徐行恭先生题"成均楼"

修辞立诚宏国学，照世清辉分外明

附　录

姜亮夫先生简谱

姜先生名寅清，字亮夫，以字行。号成均楼，晚年自号北邨老人、天南矇叟。

光绪二十八年（公元 1902 年）
阳历五月十九日（夏历四月十二日）亮夫先生生于云南昭通。

宣统元年（公元 1909 年）　8 岁
七月二十三日（夏历六月初七）陶秋英出生。

1914 年　13 岁
入昭通县高等小学。

1918 年　17 岁
入云南省立第二中学（现昭通一中）一班。

1922 年　21 岁
三月，赴昆明。

九月，以省官费生考取成都高等师范学校。在林思进（山腴）、龚道耕（向农）等先生导引下，初读《说文解字》、《广韵》等国学入门书籍，成为其学术生涯的重要开端。

1925年　24岁

九月，《昭通方言考（初稿）》成，寄父亲求正。

1926年　25岁

八月，考入北京师范大学研究科。

九月，考入清华研究院。同时受业于梁启超、王国维、赵元任、陈寅恪、李济等人。

十一月，以成都高等师范学校期间所作诗集求正于梁启超、王国维，王国维评之以思理多情感少，缺乏诗才。遂焚烧全部诗稿，致力于国学研究。

十二月，撰成《诗骚联绵字释例》一文。

是年，陶秋英毕业于爱国女子高中。

1927年　26岁

二月，硕士毕业论文《诗骚联绵字考》稿初成。六月二日，王国维自沉于昆明湖鱼藻轩。每日读王国维所著《观堂集林》，以王氏手校本移录入册。因亡师之恸，激发笺注《离骚》、《怀沙》的动机。

七月，自清华研究院毕业。

九月，应清华同学黄淬伯邀请至南通高中任文科首席，完成《诗骚联绵字考》全篇。

1928年　27岁

七月，至上海，住四川路青年会。应周凤甸邀请去无锡中学任教。

八月，赴无锡招生，复返上海。与北新人李小峰过往较密。

1929 年 28 岁

八月，与胡朴安订交，并应其邀请主讲持志大学。

九月，与徐志摩会于大夏大学。

十月十九日，与陶秋英初相识，此时陶秋英正在撰写《中国妇女与文学》一书。

十二月，较为全面地接触西方社会学著作，受摩尔根、穆勒利尔、罗维等人影响尤著。

1930 年 29 岁

二月，以摩尔根、穆勒利尔、罗维诸家之说论证《尚书》，为《尚书新证》。

三月，与陶秋英交往日深，因其《中国妇女与文学》一书影响，撰《班昭年谱》初稿。

六月，邀鲁迅至大夏大学演讲，开罪学校，愤而辞职。陶秋英《中国妇女与文学》一书完成，介绍于北新书局出版。夏历端午节前三日，纪念王国维先生逝世三周年，欲编王国维、梁启超先生年谱、全集。

十月，受聘中国公学大学部主讲文学史、诸子等课，遂又移返上海，住俭德储蓄会。

是年，陶秋英毕业于上海持志学院国学系。

1931 年 30 岁

九月，陶秋英考入燕京大学研究院，月底护送其北上，并借以考察了解华北、东北局势。

十一月，始作《历代名人年里碑传综表》(1935 年由商务印书馆初印)。

1932 年 31 岁

三月，奔祖母丧，南归。四月月末至家，扫墓四日。石印《诗骚联绵字考》100 部，送至上海装帧，并分寄国内学人 70 册、日本 20 册、欧美 10 册，年底得日人小岛佑马、青正木儿等人答谢书。

四月，陶秋英燕京大学研究院硕士论文《汉赋之史的研究》完成。

八月，返上海。

九月，《夏殷民族考》五卷撰成(1933年上海《民族月刊》社印行)。《甲骨文字小笺》写成，共三卷。本月以来，撰《名原抉脉》、《释傩》，初写成《屈原赋校注》。

十二月，作《"家"之来源》上篇。此月，如愿成为章太炎门生。

1933年 32岁

一月，始得到先师廖平去世消息。开始收集廖平、梁启超两先生资料，欲为之作年谱。

二月，草拟《甲骨学通论》，一月而成。

三月，依清人张皋文《词选》，作《词选笺注》(1934年北新书局出版)。

七月，从1929年开始搜集剪贴社会史资料，已经贴成96册。

九月，陶秋英应中西女学聘请，为文科首席。

十月，撰《汉字结构的基本精神》。

1934年 33岁

一月，受聘为河南大学文学系教授。同月，于上海同福里拜辞章太炎。

四月，于河南大学教授文学史论，成书一册，约七八万言。此月，完成《楚辞校笺》一书。

六月，初草《文字朴识》(1936年在昆明石印百部)。

八月，得章太炎对联："多智而择，博学而祇；上通不困，幽居不淫"。

九月，指导弟子续补旧作《甲骨吉金篆籀文字统编》，十二月成书，由河南大学石印40部。

《古声考》一文，曾载于是年《河南大学学报》。

1935年　34岁

八月，胃病发作，轮渡西行，经22日至巴黎。航程中，作《欧行散记》。

十月，结识柏里和以及鲁佛博物馆秘书尼古拉·芳姬。

十一月，入巴黎大学博士院学习考古学。

本年写定《尚书新证》书，前24篇在抗战中自西安寄至成都时，因邮政船被炸而佚失。

1936年　35岁

一月，在巴黎大学听课，提交论文《中国古代农民器用考》。

三月，经冯友兰介绍入法国国民图书馆写本部，研读敦煌经卷。结交马伯乐、戴密微及日本学者神田喜一。

五月，在尼古拉·芳姬的帮助下翻译穆尔干《史前人类》，并进行详细的注解。

六月，利用假期游览巴黎，见我国文物则拍摄、记录。

十二月写《敦煌经籍校录》将成，准备去伦敦。

1937年　36岁

一月，游伦敦，于大英博物馆读敦煌经卷，完成《敦煌杂录》。结识叶慈等人，并访问萧伯纳。

四月，由伦敦返回巴黎。

五月，将国外所购书籍运往上海。北游柏林。

六月，北游莫斯科。冒险由西伯利亚进入满洲里、哈尔滨。过长春、沈阳，于二十六日抵北平，寻访北大、清华旧友。居十日，南返至杭州。

七月，在苏州旅舍校刘半农《敦煌缀琐》中王仁昫《切韵》，校出缺误2400则。

八月，哭祭章太炎，欲为之撰写年谱。

九月，受东北大学聘。自南京入开封，半月后到西安就职，教授文字学、《楚辞》。在东北大学期间校《楚辞》，每日入西安图书馆辑《近代碑传集》。

1936 年九月至次年八月，陶秋英任杭州弘道女中文史教员。此后至 1941 年，因病家居。

1938 年　37 岁

二月底，将入川。得陶秋英弟信件，知其全家脱离日军危险到达上海，心绪稍宁。

三月，随东北大学移至四川北三台。

四月，为《瀛外访古劫余录》，在徐仁甫帮助下，刊印百册，分送国内友人。

七月，由昆明取道香港，化名至上海，见陶秋英。

八月，与陶秋英在上海威海卫路中社成婚。

九月，与陶秋英同行至香港，游北海、河内，后至成都，返三台。

十一月，《瀛涯敦煌韵辑》一稿开始撰写。精读《汉书》，日为札记。

1939 年　38 岁

十二月，校补陶秋英所作《陆机年谱》，至次年二月粗成 (后改为《陆平原年谱》，1957 年上海古典文学出版社印行)。

《王静安先生所录伦敦〈切韵〉残本校勘记》一文，载于是年东北大学《学林》杂志。

1940 年　39 岁

五月，应熊庆来聘为云南大学文史系教授。

九月，陶秋英应聘华西大学副教授之职至成都，不惯独处，复归三台。

1941 年　40 岁

一月，考订《瀛涯敦煌韵辑》。

七月，作《外家纪闻》。

七月，陶秋英读《词话丛编》，摘录词调名义，作《词调起源考》初稿。

八月至次年六月，陶秋英任东北大学中文系讲师。

十月，《瀛涯敦煌韵辑》24卷告成(1955年上海出版公司精印)。

1942年　41岁
一月，父亲病逝，归家，留家奉母。

六月，应熊庆来聘为云南大学龙氏讲座教授。

七月，与陶秋英归家省亲。

八月，于昆明修订、编次《昭通方言考》。本年写成《护国军志》，曾选载于各报章杂志。此后撰写多篇关于时政、文化、教育、社会、经济等问题之短篇评论文章，后集为《挥戈集》，今已佚。

1943年　42岁
二月，撰《张华年谱》，至五月粗就(1957年上海古典文学出版社印行)。

十月，撰《护国军纪实》成。

1944年　43岁
三月，录《敦煌经籍校录》，并重加校正。又录《敦煌杂录》，一月内完成。

是年五月八日，女儿姜昆武出生于昆明。

1946年　45岁
写成《汉书札记》，约400多篇，曾部分刊载于《文史》周刊。

1947年　46岁
三月，始作《楚辞书目五种》。

六月，任昆明师范学院教授。

1948年 47岁

八月，应英士大学聘为兼文理学院院长。

1949年 48岁

四月，应当时云南省主席卢汉邀请，任云南省教育厅厅长，后任云南军政委员会文教处处长。

1950年 49岁

六月，修订《张华年谱》，一月内完成。

八月，重订补《陆平原年谱》。完成《屈原赋今译》。

十一月，进革命大学学习14个月。

1949年九月至是年八月，陶秋英任云南大学中文系教授。此后，因病辞职。

1951年 50岁

在云南省博物馆工作。重建昆明园通寺，设计、施工均亲任其事。

1952年 51岁

从西苍坡昆明师范学院宿舍迁沙朗巷严家私宅。十一月下旬陶秋英及女儿姜昆武从昆明飞南宁转火车到沪，姜亮夫独留居昆明。

1953年 52岁

与陶秋英沪昆间通讯频繁。因病住昆华医院半年之久，虽渐愈而羸弱。因请调江浙与家人团聚，初欲受王亚南聘去厦大，以岳母坚阻未成行。后接浙江师范学院聘，于翌年初开学赴杭就职，住六和塔秦皇望山之江旧址。

1954年 53岁

春节后开学到校上课，但病后虚弱。虽50余岁已依杖而行，人多以"老先生"称之。

修订《陆平原年谱》、《张华年谱》，接洽《瀛涯敦煌韵辑》出版事。

陶秋英以姜亮夫病体弱故辞浙师院工作，先以请假为名，后完全脱离而成专职太太相夫教子，助夫上课纂稿以至终生。

上海古典文学出版社印行《敦煌——伟大的文化宝藏》，原为姜亮夫《敦煌志》中总论部分。

1955 年　54 岁

夏自六和塔迁体育场浙师分部筒子楼宿舍。

受教育部委托招古汉语研究生。

女姜昆武考入杭女中。

《瀛涯敦煌韵辑》由上海出版公司精印，正式出版。

九月，与陶秋英整理陈本礼《楚辞精义留真》，并由上海出版公司影印出版。

1956 年　55 岁

始问医问学于阆声先生（张宗祥），有合作整理《全宋文》之议，以目疾未果。

1957 年　56 岁

反右斗争始。因多病与外界交往活动甚少。

暑假迁居松木场浙师院新宿舍。

任中文系主任后，工作渐上轨道。

自来杭后暑寒假中常去上海小住，与蒋天枢、张世禄、吴文祺、吕贞伯、罗玉君夫妇、王淑瑛等时有过从。

《陆平原年谱》、《张华年谱》由上海古典文学出版社印行出版。

1958 年　57 岁

浙师院与杭州大学合并，改名为杭州大学。《历代人物年里碑传综表》稿修订完成。

教育部委托编写《古汉语大学教材》，次年完稿。名为大学教材，实仅用于研究生。

1960 年　59 岁

夏，先生岳母陈引去世。

1961 年　60 岁

学校为配助手二人，招研究生多名。

女姜昆武入杭大中文系读书。

来杭八年，书籍已达 5000 余册。

《楚辞书目五种》由中华书局出版。

1962 年　61 岁

《楚辞辞典》定名《楚辞通故》。因数据积累丰富，写稿顺利，全部书稿已完成过半。

每周为研究生、助手上课不下三次。

1963 年　62 岁

编定《古汉语论文集》。是年完成《重订天问校注》。

1964 年　63 岁

母何淑璧去世。

岳父陶神州先生去世。

"四清"运动开始。

编定《楚辞学论文集》。

1965 年　64 岁

与夏承焘、胡士莹、王驾吾诸公赴萧山参加"四清"运动。

妻陶秋英做甲状腺切除手术。

《楚辞通故》稿基本完成。

《历代人物年里碑传综表》中华书局再版。

1966 年　65 岁

"文革"始，被批判、抄家。

《楚辞通故》稿散落约四分之一，书籍衣物多被封存。

1967 年　66 岁

仍时有批斗，并参加劳动，写大字报。

1968—1969 年　67—68 岁

姜昆武分配去仙居工作。姜亮夫曾隔离审查数月。

1970 年　69 岁

十月，姜昆武调至富阳。

1971 年　70 岁

因血小板大减，出血住院月余。

居室一半被人分住。是年始补写《楚辞通故》，日撰 500 字，前后凡三年而成。

1972—1974 年　71—73 岁

索居枯室，唯以书自娱，惜目力大损，遂每日散步至黄龙洞。

陶秋英始重操绘事。

1973 年后上海古籍出版社先后出版《姜亮夫论文集》三种：《楚辞学论文集》、《敦煌学论文集》、《史学论文集》。

1975 年　74 岁

姜昆武调回杭州，始为校《通故》初稿。以后数年中，凡四校而仍不免遗误。

1976—1977 年　75—76 岁

"文革"结束，各项待遇逐渐恢复。

1977 年《楚辞通故》正式全部完稿抄定，编索引附后。

1978 年　77 岁

家中住房恢复。

1979 年　78 岁

先生受教育部委托办楚辞讲习班，授课笔记整理成《楚辞今绎讲录》，后由北京出版社出版，为《楚辞学五书》之一。

1980 年　79 岁

孙女姜祖韵出生，姜昆武调浙江省社会科学院文学所工作。

浙江省语言学会成立，任会长。

王元化先生来，共拟《中国大百科全书》中《先秦文学》分卷编纂事宜，并开始组织纂写。

1981 年　80 岁

中国语言文学研究室招研究生。

中文系为祝八十大寿。

十月，《楚辞今绎讲录》由北京出版社印行。

1982年　81岁

陶秋英于浙江展览馆开个人画展。

1983年　82岁

陶秋英因肿瘤手术。

《楚辞通故》接洽齐鲁书社影印事成，雇员全部墨笔手抄稿备用。

四月十八日，杭州大学古籍研究所成立，任所长。同年九月，第一届研究生班六名硕士研究生入学。

九月十九日，受教育部委办敦煌学讲习班。

1984年　83岁

一月，国务院学位委员会批准为中国古典文献学专业博士生导师。始招博士生，每年仅一二人。

王元化、胡厚宣、沙孟海诸先生曾分别主持历届博士生论文答辩。

《古文字学》由浙江人民出版社出版。

中国敦煌吐鲁番学会语言文学分会成立，任会长。

1985年　84岁

《楚辞通故》正式由齐鲁书社影印出版。

下半年陶秋英病复发。

《莫高窟年表》由上海古籍出版社出版。原稿70万余言，"文革"中留中华书局遗失30多万字，甚可惜。《敦煌学概论》由北京中华书局出版（为敦煌讲习班讲话录音整理稿）。

1986年　85岁

中国屈原学会成立，任会长。

六月二日陶秋英病逝于杭大医院。姜亮夫为挽联："十年知交五十年夫妻辅我著书福泽愧对赵文敏　卅卷诗文三百卷绘事教女成材哀荣有过谢夫人"。

陶秋英《汉赋研究》由浙江古籍出版社重版。

八月以肝囊肿手术,住院二月。

1987 年　86 岁

先生肝脏手术后体力大衰,仅可在居室附近小作散步。夫人逝后常枯坐无聊,用录音机记述往事回忆,以便旁人代为整理。

《敦煌学论文集》由上海古籍出版社出版。

《屈原赋今译》由北京出版社出版。

《重订屈原赋校注》由天津古籍出版社出版。

1988 年　87 岁

手术后健康又稍恢复。孙女姜祖韵已入小学,姜亮夫亲授书法,为最大乐事。

自此至 1992 年间,来访友人、学生甚众,如常书鸿、饶宗颐、庞朴、刘梦溪……常宾朋满座,颇耗心力。来索稿刊物亦多,故时有论著发表于各处杂志。

《昭通方言疏证》由上海古籍出版社出版。

马一浮纪念馆开馆,与沙孟海、陈训慈共赴会,遂有新"西湖三老"之称。

1989 年　88 岁

身体逐渐康复。与友人交往及教学工作均恢复正常。

1990 年　89 岁

依民俗"做九不做十",故学校为姜亮夫做九十大寿及举办学术研讨会。

《瀛涯敦煌韵书卷子考释》由浙江古籍出版社出版。

1991 年　90 岁

为杭州灵隐寺药师殿撰行书楹联,以志居杭州 40 年缘。楹联:"药师如来大愿发十二教循尊礼苦行修善果　琉璃世界尊经诵卌九虔诚念拜誓求得再生"。从此封笔。

十月,国务院发文批准自 1990 年七月起获政府特殊津贴。

1992 年　91 岁

《敦煌碎金》由浙江古籍出版社出版。

1993 年　92 岁

《古史学论文集》由上海古籍出版社出版。

1992—1995 年　91—94 岁

以脑萎缩、心脏病,长期住浙江医院,1995 年十二月四日逝于浙江医院,享年 94 岁。与夫人陶秋英合葬杭州第二公墓。

2008 年

十二月,浙江大学出版社出版姜亮夫《国学丛考》。

参前倚衡

四部九家　其淵其雅

千枝萬葉　克頣克承

紀念亮公夫子誕辰一一〇周年

雪克敬題　時年八十有六

雪克，浙江大学古籍研究所教授，曾与姜亮夫先生共事，硬笔书法

曾华强、祝鸿熹，浙江大学中文系、汉语史研究中心教授，1955年首届古汉语研究生班的学生

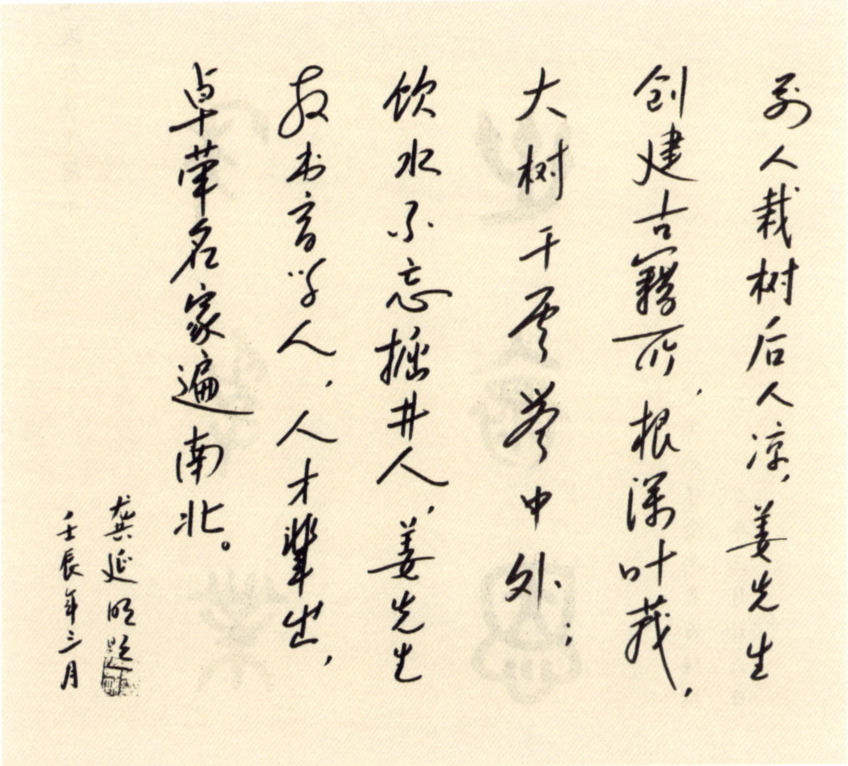

前人栽树后人凉，姜先生

创建古籍所，根深叶茂，

大树千层茶中外；

饮水不忘掘井人，姜先生

教书育人，人才辈出，

卓荦名家遍南北。

龚延明题
壬辰年三月

龚延明，浙江大学古籍研究所教授，曾与姜亮夫先生共事

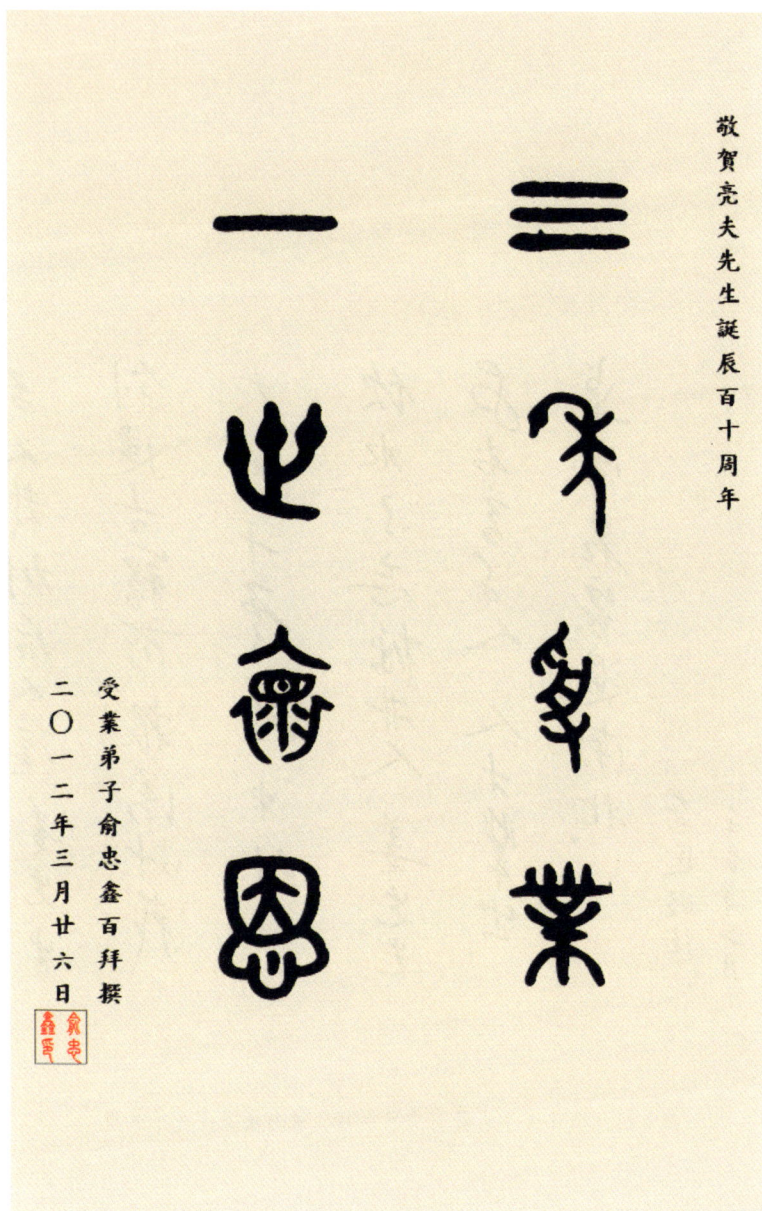

敬贺亮夫先生诞辰百十周年

受业弟子俞忠鑫百拜撰

二○一二年三月廿六日

俞忠鑫，浙江大学中文系教授，1984 级博士

纪念姜亮夫先生诞辰110周年

师恩如海

受业 王魁伟

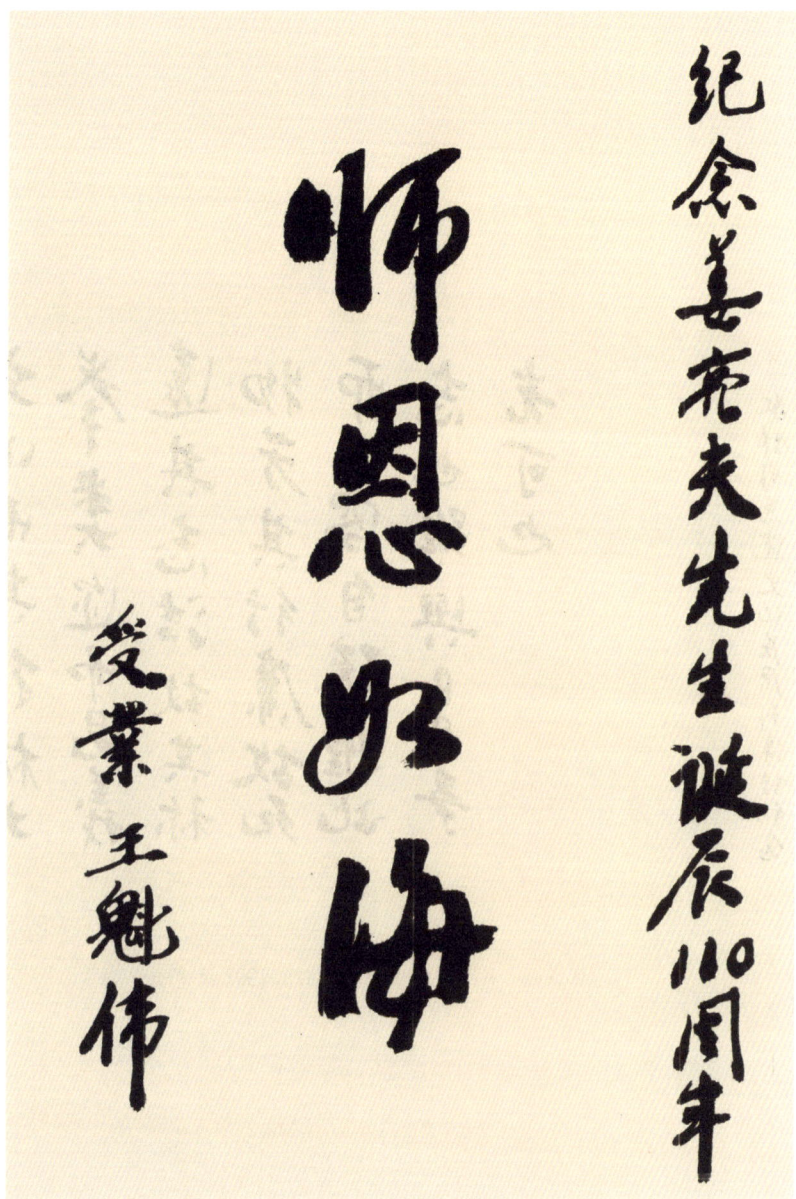

王魁伟，辽宁大学人文学院教授，1984 级硕士

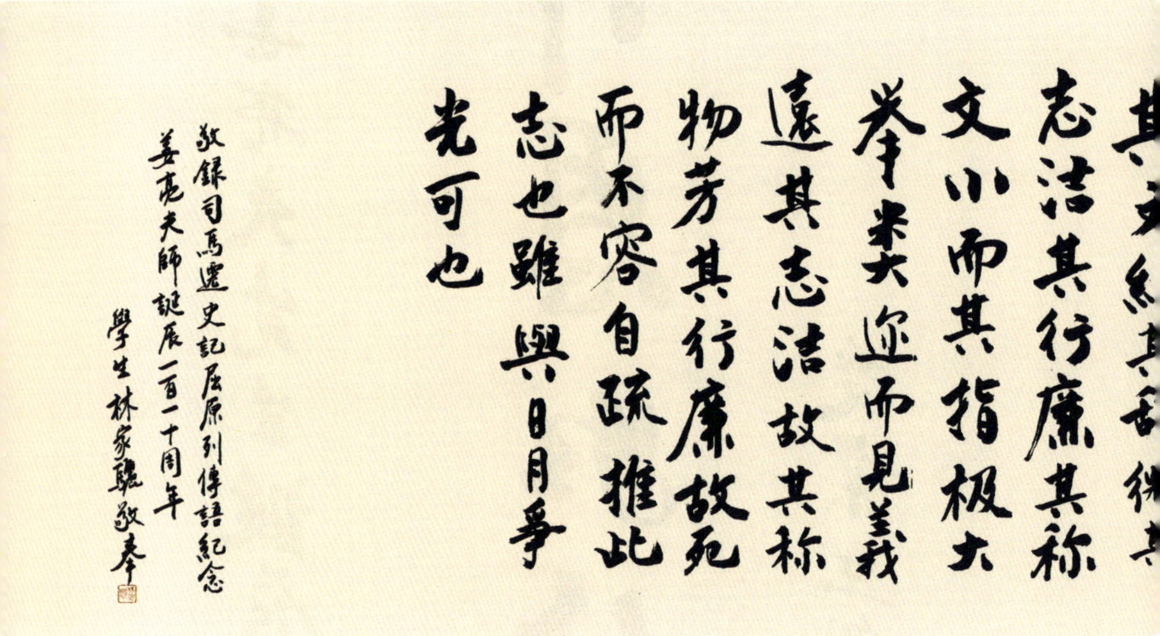

其文约其辞微其
志洁其行廉其称
文小而其指极大
举类迩而见义
远其志洁故其称
物芳其行廉故死
而不容自疏濯此
志也虽与日月争
光可也

敬录司马迁史记屈原列传语纪念

姜亮夫大师诞辰一百二十周年

学生林家骊敬奉

林家骊，浙江大学中文系教授，1991 级博士

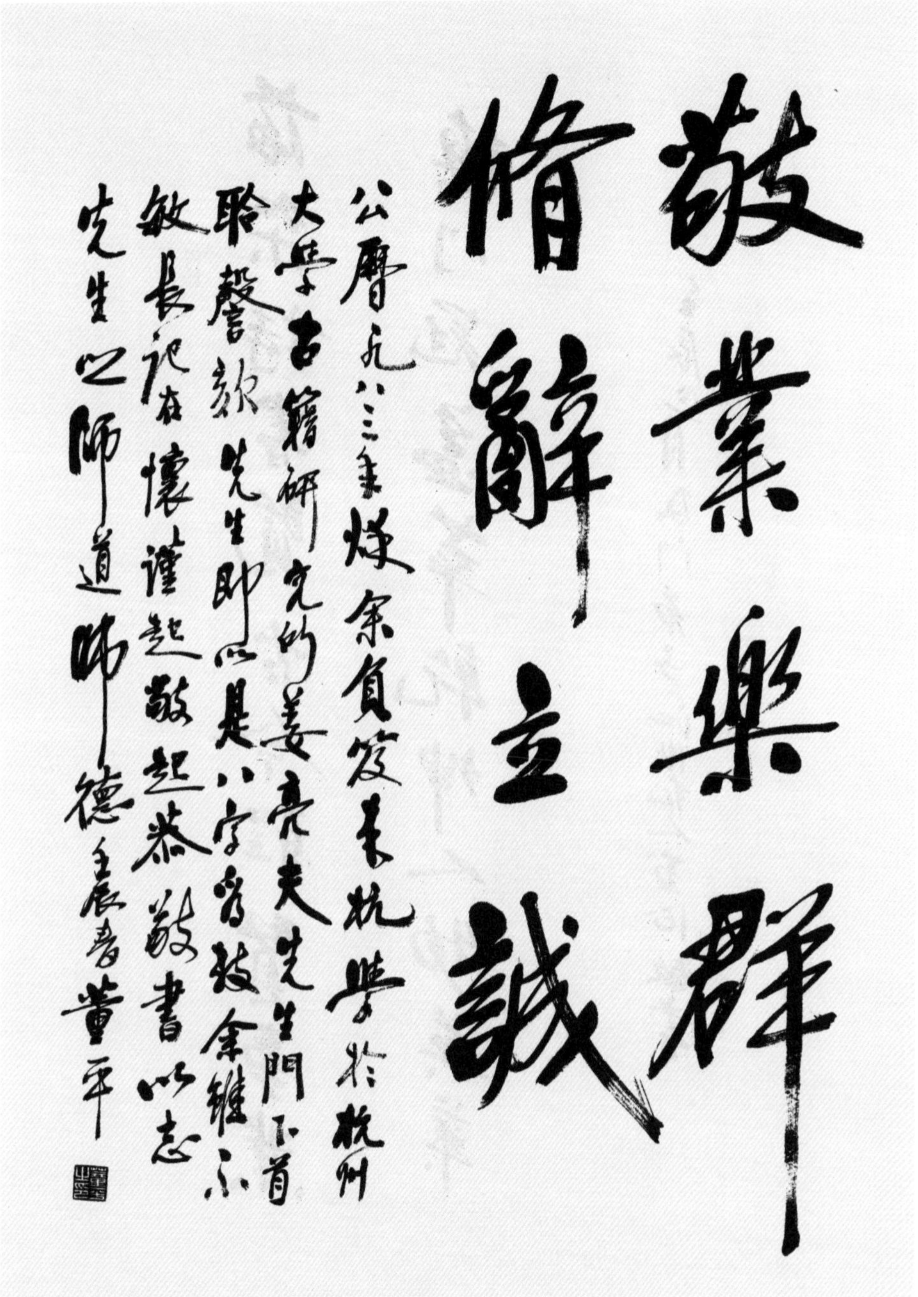

敬業樂群
脩辭立誠

公曆一九八三年煉余負笈來杭學於杭州大學古籍研究所姜亮夫先生門下首聆馨欬先生即以是八字見貽敢余維不敏長記在懷謹起敬起恭敬書以志先生之師道師德

辰春董平

董平，浙江大学哲学系教授，1983 级硕士

萬架詩書覽古今程賢事業

填門冠盖荟乾坤人物英華

壬辰之月及门弟子江溜頫人黄征敬書

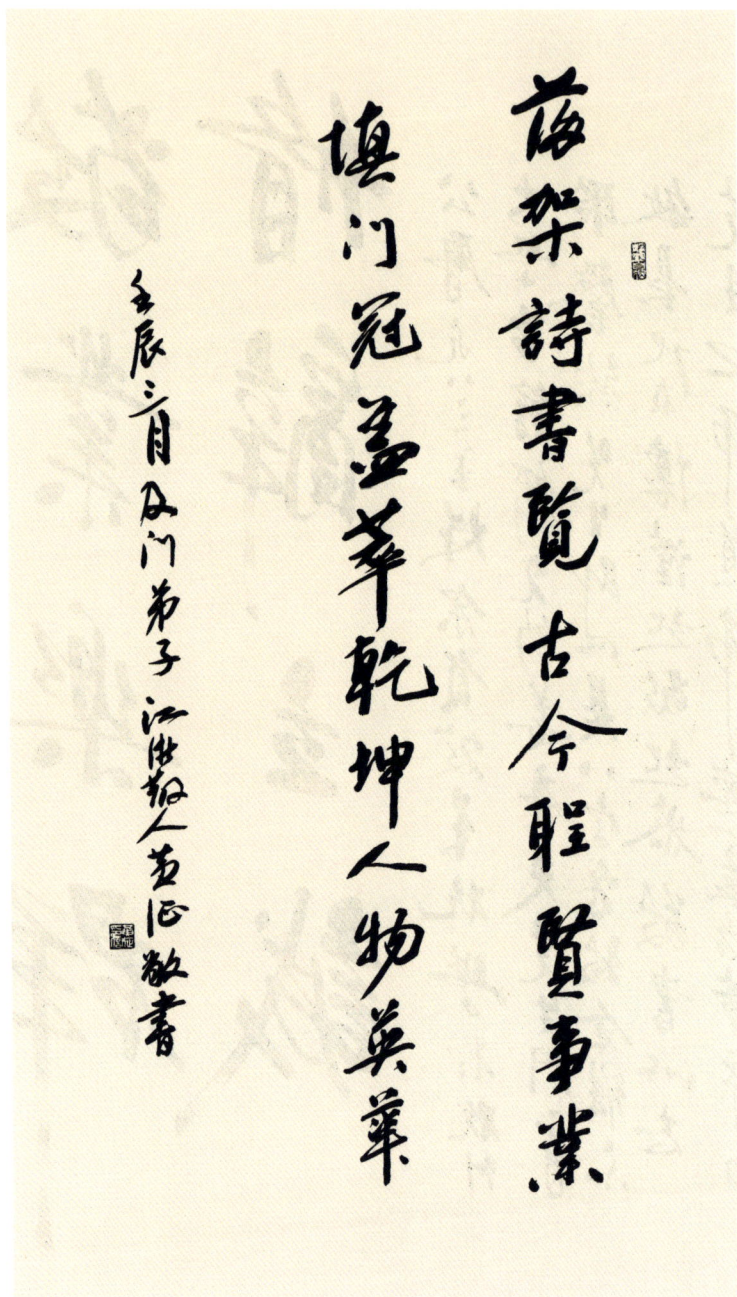

黄征，南京师范大学文学院教授，1985级硕士

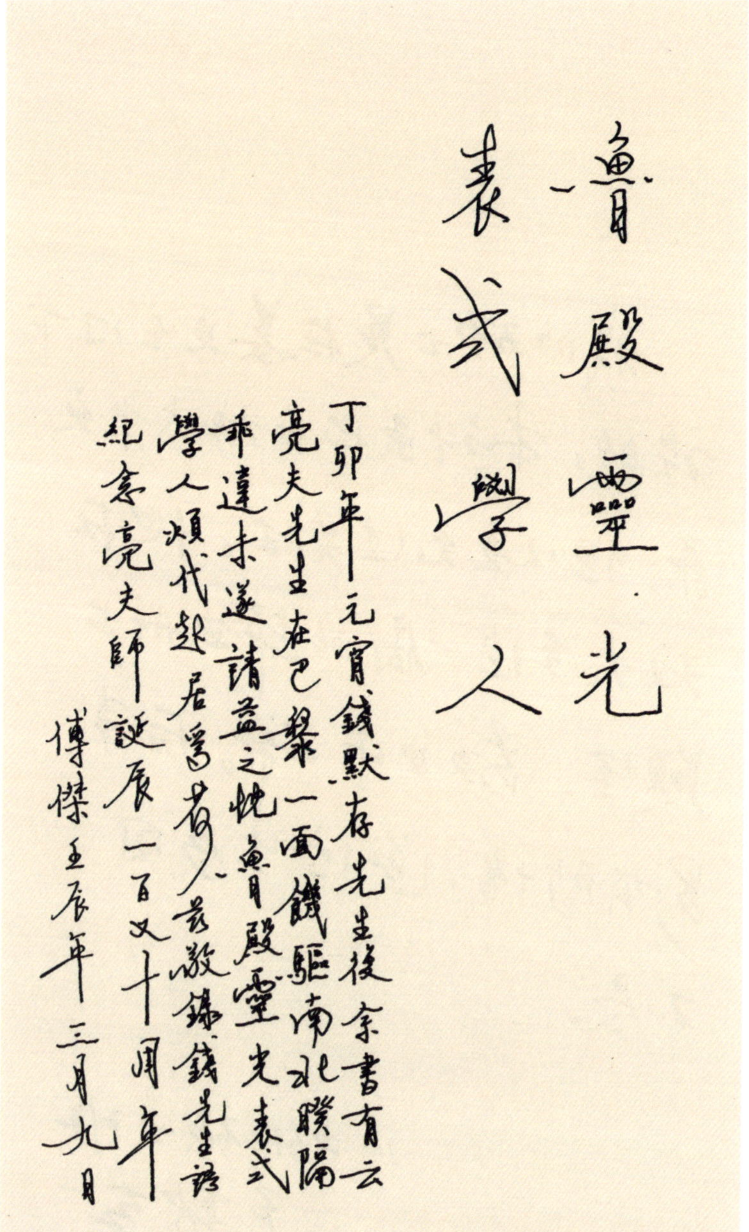

魯殿靈光
表式學人

丁卯年元宵錢默存先生復余書有云亮夫先生在巴黎一面饑驅南北暌隔乖違未遂請益之忱魯殿靈光表式學人須代起居為荷云云敬錄錢先生語紀念亮夫師誕辰一百又十周年

傅傑壬辰年三月九日

傅杰，复旦大学中文系教授，1983级硕士

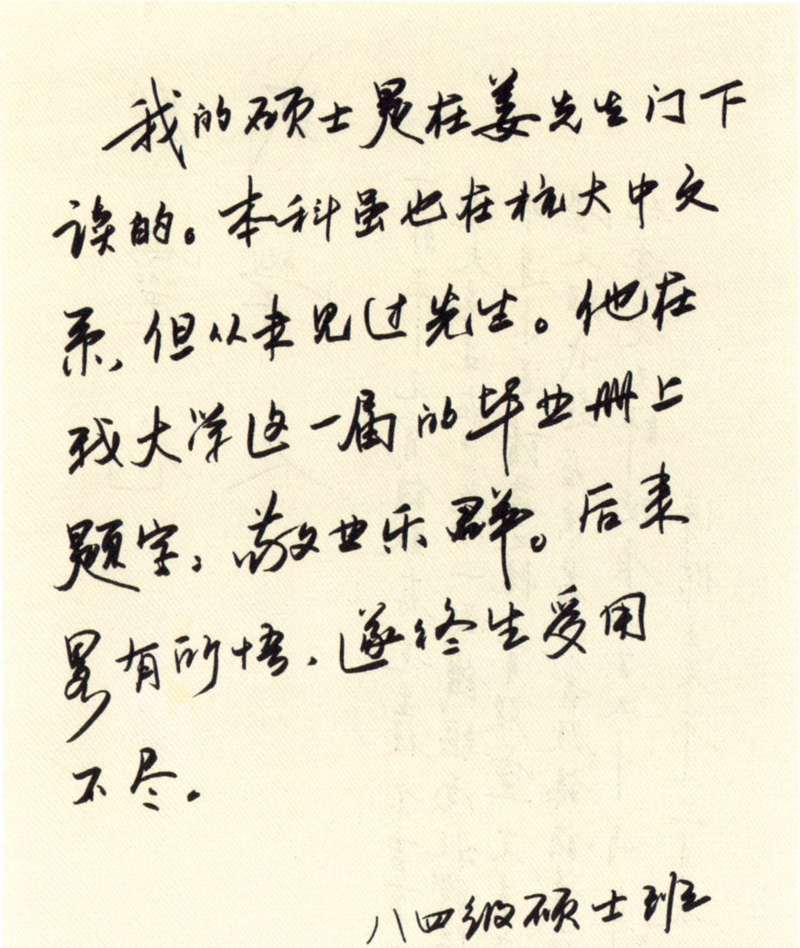

我的硕士是在姜先生门下读的。本科虽也在杭大中文系，但从未见过先生。他在我大学这一届的毕业册上题字，教业乐群。后来虽有所悟，遂终生受用不尽。

八四级硕士班

卢敦基

二〇一二、三、十六

卢敦基，浙江省社会科学院研究员，1984级硕士，硬笔书法

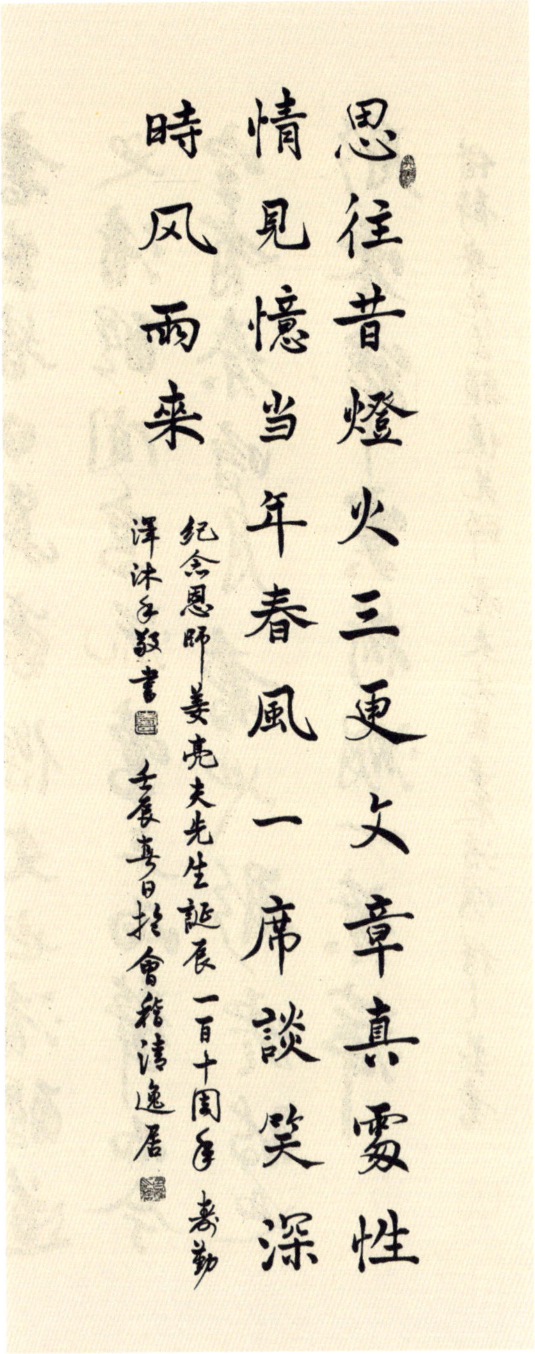

思往昔燈火三更文章真靈性
情見憶当年春風一席談笑深
時风雨来

纪念恩师姜亮夫先生誕辰一百十周年 寿勤

泽沐手敬书

壬辰春日於會稽清逸居

寿勤泽，浙江人民出版社编审，1986 级硕士

书生者日其豪杰文也清醒道
也清醒间富流萤三两声而今
宁有秦时月书也彫零稀也
彫零寂实荷湖一叶萍

借静安先生颖怀先师亮夫先生
丙辰清明杨成书

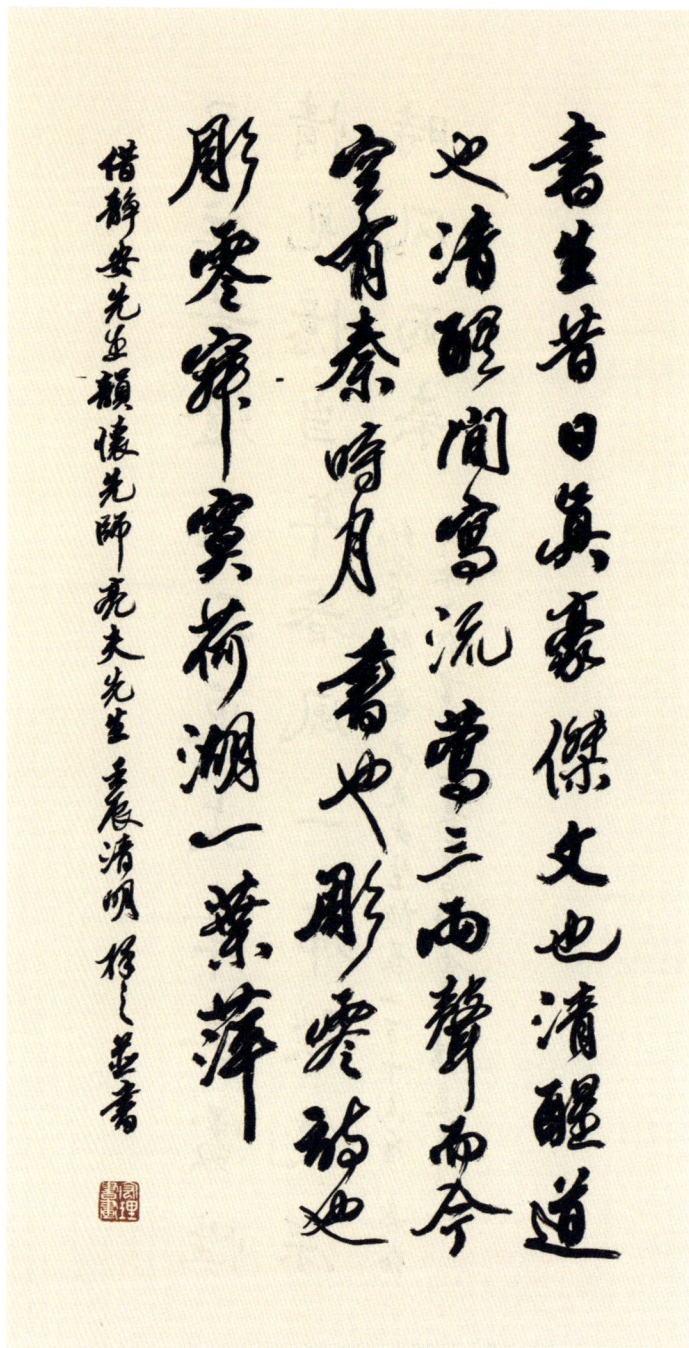

王宏理，浙江工商大学教授，1993级博士

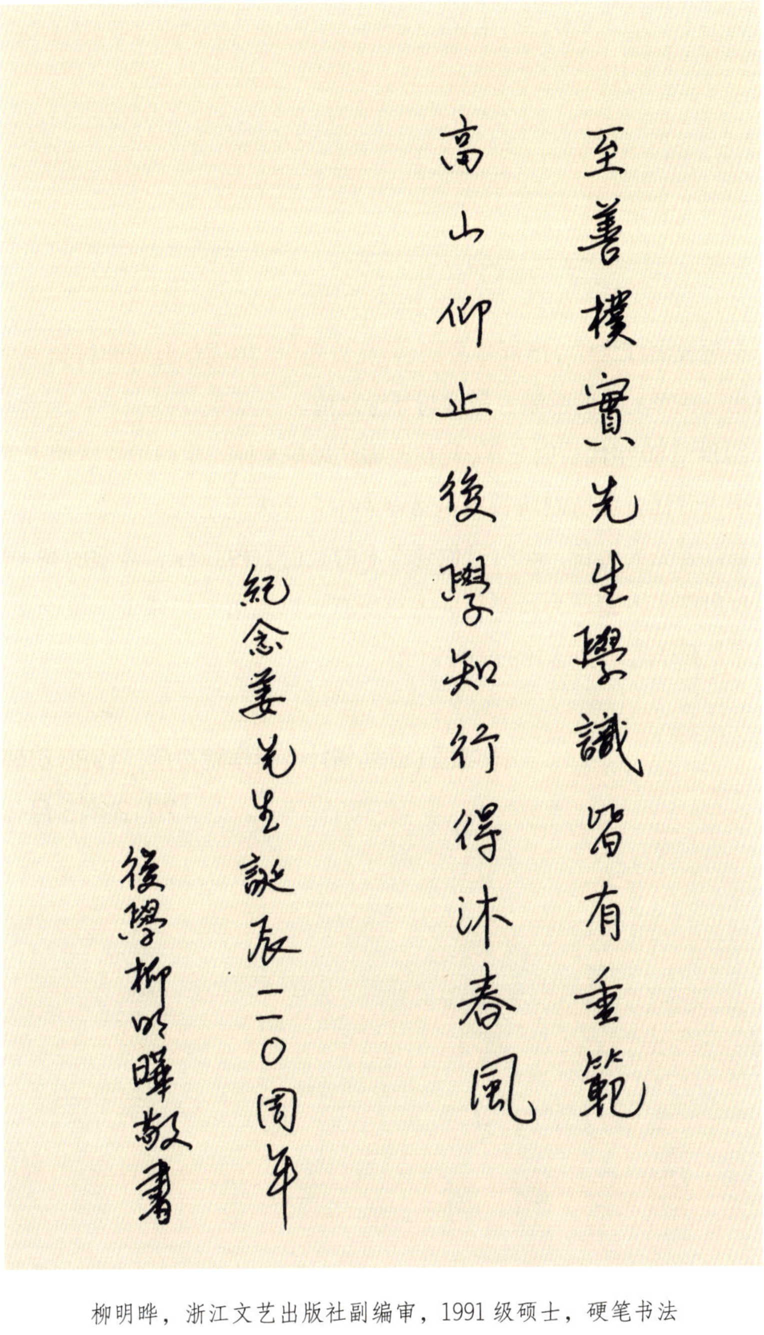

至善樸實先生學識皆有垂範

高山仰止後學知行得沐春風

纪念姜先生诞辰二〇周年

後學柳明曄敬書

柳明晔，浙江文艺出版社副编审，1991级硕士，硬笔书法在母校浙江大学115周年校庆、姜亮夫先生110周年诞辰即将到来之际，谨以此短札寄上我的感激、敬仰与怀念之情。

20世纪80年代后面三年，我在业师沈凤笙文倬先生门下攻读博士学位，曾有幸由时任古籍所副所长的崔富章先生（亮夫先生大弟子之一）带领登门拜谒过姜亮夫所长，聆听过他老人家的教诲。1989年，尊敬的亮夫先生还亲自出席了古籍所为我举行的古籍所有史以来第三场博士学位论文答辩会。那是我永远不会忘怀的美好时光。

陈戍国（湖南省社会科学院教授，1986级博士）
2012年3月22日

后 记

　　姜亮夫（1902—1995）先生是我国著名的语言学家、敦煌学家，一代国学大师。今年是先生诞辰110周年，档案馆有幸携手姜亮夫后人推出《学林留声录——姜亮夫画传》实乃有缘。回溯历史，最早结缘姜家女儿姜昆武先生和女婿徐汉树先生还是2007年的6月22日，我馆召开了一个浙江大学知名学者后裔座谈会，姜昆武夫妇相伴而来，记得当天到会的有著名体育教育家舒鸿之子、农学家蔡邦华之子、数学家钱宝综之女等。当天高朋满座，大家对学校档案馆提出的名人档案抢救保护给予了热烈的回应。就是这次聚会让姜昆武夫妻俩决定，把父亲的档案史料捐赠给学校。正如徐汉树先生说的："姜先生的资料交给档案馆是最安全、最保险的。"会后，对姜先生的档案进行了更仔细、认真的整理，又耗时长达三年多。

　　姜亮夫先生早年考入清华大学国学研究院，师从王国维、梁启超、陈寅恪诸先生，后又拜章太炎为师。历任大夏大学、云南大学等校教授，并曾任云南省教育厅厅长。1953年调任浙江师范学院（后改为杭州大学，1998年并入浙江大学）教授、博士生导师，先后任中文系主任、古籍研究所所长。他以毕生的精力从事楚辞学、敦煌学等领域的教学和研究工作，是一位学识渊博、治学谨严、著作等身的国学大师。作为与世纪学术同行并在古典文献领域行空一生的国学大师，与梁启超、王国维、章太炎、闻一多、徐悲鸿、张宗祥等诸多名人都有过师生、朋友、同事之交的世纪老人，姜亮夫的生活经历和学术心路，代表了20世纪中国知识分子的求知历程。他遗留的档案史料，诸如著作、手稿、信函、随笔等，是宝贵的历史文化遗产。为使姜亮夫的学术研究精华更好地发展弘扬，使他的思想品德风范代代相传，我馆实施"浙江大学文化遗产抢救工程"以来，姜亮夫先生的档案抢救被列入了浙江大学首批重点工程。杨卫校长专门立项给予了最有力的支持，上届主管领导来茂德副校长亲自关心征集工作，现任主管领导罗卫东副校长亲自登门拜访致谢，档案馆前任吴永志馆长、王榕英副馆长，现任朱之平馆长、何春晖副馆长极力推动，不遗余力。我们档案馆的工作团队还有胡岚、朱惠珏、龚辉、金灿灿等均付出了辛勤劳动。当然我们更需要致谢的是姜昆武夫妇，姜亮夫毕生的研究和收藏无数，要对他的档案资料进行梳理是一项极其艰巨浩繁的工程，一般的档案工作人员是不可能完成的，好在姜亮夫先生的女儿、女婿都是这方面的学者专家，夫妇俩所付出的艰辛是无以言表的。为了整理的史料能更好地满足我馆名人档案归档的要求，徐汉树先生在整理的同时着手编撰了《学林留声录——姜亮夫画传》，当我们看到这部书稿成形时真是喜出望外，一个有情有爱、饱读诗书、著作等身的大家巍然屹立。在长达三年多的整理和编撰过程中有太多的故事值得记忆。我们与姜昆武夫妇从陌生到了至交，我们无话不谈，每一次的拜访都是极其有趣的，姜昆武先生爽朗幽默，故事多多，徐汉树先生认真严谨，和蔼可亲。为了整理岳父大人的档案，徐汉树先生眼睛几近失明。我们的感动已经没法用语言表达，在《学林留声录——姜亮夫画传》的编撰出版过程中，档案馆是做了些推动和辅助工作，但与其家属的工作相比是微乎其微的。

特别值得高兴的是，在先生诞辰110周年之际，恰逢浙江大学建校115周年，学校举行了隆重的国学大师姜亮夫档案史料捐赠仪式和"学泽长存——国学大师姜亮夫捐赠史料大型展览",姜亮夫史料包括生平、著作、手稿、证件、声像、评价、实物、唁电等 15 大类,共计 1300 余件档案正式入户档案馆,《学林留声录——姜亮夫画传》连同这批珍贵档案,凝聚了姜亮夫先生一生的心血,也真实记录了近一个世纪以来姜先生的学术活动和生活面貌。

在"文革"风暴最激烈的时刻,姜亮夫的资料曾被红卫兵贴上封条扣存。夫人陶秋英为抚慰姜亮夫,写下《戊申中秋月蚀私祝亮君》诗:"见说人间浪不平,韬光应是葆精英。三更斗转嚣尘息,照世清辉分外明。"时隔几十年,历经沧桑的姜亮夫史料,再次被贴上封条移交档案馆。徐汉树先生感慨地说:"两个不同的时代,两次不同的遭遇,我们的心情也不同。虽然很不舍,但姜先生的资料终于有了一个归宿之地,我们很高兴。"历史不会让有价值的档案随风泯灭,陶夫人诗中所祈盼的"照世清辉分外明"终将成为现实。这些宝贵的文化遗产,终将泽被后人,光耀大地。

1995 年 12 月 4 日,享年 93 岁的国学大师姜亮夫在浙江医院的病床上永远地睡去了。他的灵魂又可以徜徉在巴楚文化神秘氤氲的氛围里,与三间大夫对话;又可以埋首于为大漠风沙湮没几个世纪的敦煌古卷,和着古人的音韵击节而歌了。而留给我们的是一个中国人的拳拳爱国之心,一个学者坚韧、踏实的治学精神,以及一大批宝贵的文化遗产和亟待后来者继续研究的珍贵史料。让《学林留声录——姜亮夫画传》引领您走进国学大师姜亮夫的精神世界。

浙江大学档案馆

2012 年 2 月